T0056233

Obsequiado a:

_____

De:

_____

Fecha:

_____

Jesús te llama

DEVOCIONAL PARA LA FAMILIA

100 DEVOCIONALES PARA DISFRUTAR LA PAZ EN SU PRESENCIA

Sarah Young

GRUPO NELSON
Desde 1798

NASHVILLE   MÉXICO DF.   RÍO DE JANEIRO

© 2020 por Grupo Nelson®

Publicado en Nashville, Tennessee, Estados Unidos de América.
Grupo Nelson es una marca registrada de Thomas Nelson.
www.gruponelson.com

Título en inglés: *Jesus Calling® Family Devotional*
© 2017 por Sarah Young
Publicado por Thomas Nelson. Thomas Nelson es una marca
Registrada de HarperCollins Christian Publishing, Inc.

A menos que se indique lo contrario, todas las citas bíblicas han sido tomadas de la Santa Biblia, Versión Reina-Valera 1960 © 1960 por Sociedades Bíblicas en América Latina, © renovada 1988 por Sociedades Bíblicas Unidas. Usada con permiso. Reina-Valera 1960® es una marca registrada de la American Bible Society y puede ser usada solamente bajo licencia.

Citas bíblicas marcadas «NTV» son de la Santa Biblia Nueva Traducción Viviente, © Tyndale House Foundation 2010. Usadas con permiso de Tyndale House Publishers, Inc., 351 Executive Dr., Carol Stream, IL 60188, Estados Unidos de América. Todos los derechos reservados.

Editora en Jefe: *Graciela Lelli*
Traducción: *Danaé Sánchez Rivera*
Adaptación del diseño al español: *Grupo Nivel Uno, Inc.*

ISBN: 978-1-40021-834-9

Impreso en China

20 21 22 23 24 LSC 8 7 6 5 4 3 2 1

Introducción

Queridas familias:

Ustedes pueden conocer a Jesús al orar y leer su Biblia. Es importante comprender cuánto los ama Jesús, y disfrutarlo como ese Amigo que siempre está con ustedes.

Las lecturas devocionales de este libro están escritas como si Jesús les hablara directamente. De forma que «yo», «mí» y «mío» siempre se refieren a Jesús. Escribí las lecturas devocionales de esta manera, de modo que sepan que Jesús está con ustedes todo el tiempo. ¡Él conoce todo acerca de ustedes y los ama más de lo que pueden imaginar!

En cada lectura de *Jesús te llama, devocional para la familia* se encuentran incluidos un devocional para adultos de *Jesús te llama*, así como un devocional correspondiente para niños de *Jesús te llama para niños: 365 devociones para niños*. Padres e hijos pueden hacer sus lecturas juntos o por separado, y más tarde reunirse para leer en voz alta las Escrituras y profundizar en la lectura del día. La Biblia es la única Palabra perfecta de Dios, y en cada lectura se encuentran múltiples versículos bíblicos. Las secciones «Para conversar» son preguntas diseñadas para acercarlos al Salvador, quien siempre está con ustedes, mientras pasan tiempos juntos en su Presencia.

Jesús los ama tanto que murió en la cruz para tomar el castigo de sus pecados. Si nunca le han pedido que sea su Salvador, que perdone todos sus pecados, espero que lo hagan muy pronto. ¡Es la decisión más importante que tomarán! Todas las promesas de la Biblia son suyas cuando Jesús es su Salvador.

Espero que encuentren un lugar tranquilo para leer estas lecturas devocionales lentamente cada día. Recuerden que Jesús es Emanuel, Dios con nosotros, de forma que Él es Dios con ustedes. Oro que disfruten su Presencia y su paz mientras pasan este tiempo con Él.

Abundantes bendiciones,

Sarah Young

Y me buscaréis y me hallaréis, porque me
buscaréis de todo vuestro corazón.
—Jeremías 29.13

Una mente renovada

Yo estoy renovando tu mente. Cuando tus pensamientos fluyen con soltura, estos tienden a deslizarse hacia los problemas. Tu enfoque se engancha en un problema, y da vueltas y vueltas intentando obtener el control. Los demás asuntos te drenan la energía al tener este enfoque negativo. Lo peor de todo es que me estás perdiendo de vista a mí.

Una mente renovada es una mente enfocada en la Presencia. Capacita tu mente para buscarme a cada momento, en cada situación. A veces puedes encontrarme en tu entorno: en el ritmo del canto de un ave, en la sonrisa de un ser amado, en la dorada luz del sol. Otras veces tienes que recogerte para encontrarme. Yo siempre estoy presente en tu espíritu. Busca mi rostro, háblame, y siempre iluminaré tu mente.

LEAN JUNTOS

No os conforméis a este siglo, sino transformaos por medio de la renovación de vuestro entendimiento, para que comprobéis cuál sea la buena voluntad de Dios, agradable y perfecta.

—Romanos 12.2

PROFUNDICEN EN LA LECTURA:
HEBREOS 3.1; SALMOS 105.4

Una nueva manera de pensar

Yo quiero darte una nueva manera de pensar. Cuando dejas que tus pensamientos divaguen, estos tienden a llevarte hacia los problemas. Tu mente da vueltas y vueltas intentando resolverlos. Pierdes tiempo y energía. Lo peor de todo es que tu mente se llena tanto de tus problemas que me pierdes de vista a mí.

Adiestra tu mente para que me busques dondequiera que estés. Quiero que tus pensamientos estén tan llenos de mí que pierdas de vista tus problemas. Yo estoy a tu alrededor. ¿Puedes verme? Estoy en el canto de aquella ave, en la sonrisa de un amigo, en el rayo de sol que se asoma por las nubes. Yo coloco a cada uno de ellos en tu camino. Siempre estoy pensando en ti, así que piensa en mí.

PARA CONVERSAR

¿Tus pensamientos en ocasiones se enfrascan en los problemas? ¿Cómo puedes «adiestrar tu mente» para que piense en Jesús en lugar de pensar en todos esos problemas? ¿En qué puedes pensar en lugar de pensar en tus problemas?

Una actitud de agradecimiento

Una actitud de agradecimiento abre las ventanas de los cielos. Las bendiciones espirituales te llegan sin reservas mediante esas aberturas hacia la eternidad. Además, al levantar la mirada con un corazón agradecido, obtienes vislumbres de gloria a través de esas ventanas. Todavía no puedes vivir en el cielo, pero puedes experimentar anticipos de tu hogar eterno. Tales muestras del programa del cielo reavivan tu esperanza. La acción de gracias te abre paso a estas experiencias, las cuales a su vez te proporcionan todavía más razones para estar agradecido. De esta manera, tu camino se vuelve una espiral ascendente: un camino que incrementa en alegría.

La acción de gracias no es alguna clase de fórmula mágica; es el lenguaje del amor, el cual te permite comunicarte íntimamente conmigo. Una mentalidad de agradecimiento no conlleva una negación de la realidad, junto con su plétora de problemas. En cambio, *se goza en mí, su Salvador,* en medio de las pruebas y las tribulaciones. *Yo soy tu refugio y tu fortaleza, una ayuda constante y segura en los problemas.*

LEAN JUNTOS

Aunque la higuera no florezca, ni en las vides haya frutos, aunque falte el producto del olivo, y los labrados no den mantenimiento, y las ovejas sean quitadas de la majada, y no haya vacas en los corrales; con todo, yo me alegraré en Jehová, y me gozaré en el Dios de mi salvación.

—Habacuc 3.17-18

Profundicen en la lectura:
Efesios 1.3; Salmos 46.1, ntv

Las ventanas del cielo

Acercarte a mí con un corazón agradecido abre las ventanas del cielo. Las bendiciones espirituales entran sin reservas a través de esas ventanas y caen sobre tu vida. Un corazón agradecido te abre a esas bendiciones, y entonces tienes todavía *más* razones para estar agradecido.

Estar agradecido te trae muchas bendiciones, pero no es una fórmula mágica. Las palabras de agradecimiento en realidad solo son el lenguaje del amor, y te ayudan a acercarte más a mí. Cuando me agradeces, formas una conexión de amor conmigo entre tu corazón y el mío. Tal como una conexión telefónica te permite hablar con otra persona, un amoroso corazón agradecido te ayuda a hablar conmigo, y a mí contigo.

Ser agradecido no significa que cierres los ojos a la infinidad de problemas de este mundo. Quiere decir que encuentras gozo en mí —tu Salvador— en medio de un mundo abatido. Yo soy tu escondedero y tu fortaleza. ¡Y siempre estoy listo para ayudarte!

PARA CONVERSAR

¿Puedes mencionar cinco cosas por las que estés agradecido? ¿Puedes mencionar diez? ¿Puedes mencionar veinte? ¿Por qué crees que estar agradecido te hace sentir más cerca de Dios?

Descansa en mi Presencia

Descansa en mi Presencia cuando necesites sentirte reanimado. Descansar no es necesariamente ser ocioso, como la gente lo percibe con frecuencia. Cuando te relajas en mi compañía estás demostrando que confías en mí. *Confianza* es una palabra rica, llena de significado y dirección para tu vida. Quiero que te *apoyes* y tengas *confianza* en mí. Yo me deleito en tu confianza cuando te apoyas en mí para que te ayude.

Muchas personas se alejan de mí cuando están exhaustas. Me asocian con el deber y la diligencia, de modo que intentan esconderse de mi Presencia cuando necesitan tomarse un descanso del trabajo. ¡Esto me entristece demasiado! Como hablé a través de mi profeta Isaías: *En descanso y en reposo serán salvos; en quietud y en confianza será su fortaleza.*

LEAN JUNTOS

Esto dice el Señor Soberano, el Santo de Israel: «Ustedes se salvarán solo si regresan a mí y descansan en mí. En la tranquilidad y en la confianza está su fortaleza; pero no quisieron saber nada de esto».

—Isaías 30.15, ntv

Profundicen en la lectura: Salmos 91.1; Proverbios 3.5, ntv

¡Enchúfate a mí!

Acércate a mí cuando estés cansado y agotado. Acércate a mí cuando simplemente necesites tomar un descanso. Descansa en mi Presencia. El *descanso* es uno de mis obsequios para ti. No es simplemente estar quieto. Y *no* es ser perezoso. Descansar en mí muestra que confías suficientemente en mí como para relajarte y apoyarte en mí.

Algunas personas en realidad huyen de mí cuando están agotadas. Piensan que pasar tiempo conmigo representa más trabajo, más responsabilidades, de manera que se esconden de mí. Pero la realidad es que yo soy el único lugar donde puedes recargar tu batería de verdad. Es muy similar a enchufar tu celular o tu juego de video cuando la batería está baja. Tu celular o tu juego espera tranquilamente, y después de un tiempo, está listo para usarse de nuevo. Cuando estés cansado y tu batería esté baja, enchúfate a mí, descansando en mi Presencia, y yo te daré nuevas fuerzas.

PARA CONVERSAR

¿Cómo sabes cuándo tu «batería» está baja? ¿Qué haces para recargarte? ¿Has probado descansar en Jesús? ¿Cuál es la diferencia entre dormir y descansar en Jesús?

SUFRIR POR MÍ

PREPÁRATE PARA SUFRIR POR MÍ, en mi nombre. Todo sufrimiento tiene relevancia en mi reino. El dolor y los problemas son oportunidades para mostrar que confías en mí. Soportar con valentía tus circunstancias —incluso agradecerme por ellas— es una de las formas máximas de alabanza. Este sacrificio de acción de gracias hace sonar las campanas doradas del gozo en los lugares celestiales. En la tierra, tu sufrimiento paciente envía ondas crecientes de buenas nuevas.

Cuando llegue el sufrimiento, recuerda que yo soy soberano y que puedo sacar algo bueno de cualquier cosa. No huyas del dolor ni te escondas de los problemas. En cambio, acepta la adversidad en mi nombre, ofreciéndomela para mis propósitos. De esta manera, el sufrimiento adquiere significado y te acerca más a mí. El gozo emerge de las cenizas de la adversidad, mediante tu confianza y tu acción de gracias.

LEAN JUNTOS

Hermanos míos, tened por sumo gozo cuando os halléis en diversas pruebas, sabiendo que la prueba de vuestra fe produce paciencia. Mas tenga la paciencia su obra completa, para que seáis perfectos y cabales, sin que os falte cosa alguna.

—SANTIAGO 1.2-4

PROFUNDICEN EN LA LECTURA:
SALMOS 107.21-22; SALMOS 33.21

Aguanta

«Aguanta». «Sé fuerte». «Soporta». Escuchas estas palabras con mucha frecuencia cuando la gente está hablando de deportes. Pero cuando no suenan muy bien es cuando estás hablando acerca de tu vida. Y, sin embargo, eso es lo que debes hacer: aguantar, ser fuerte y soportar.

Es un hecho: en esta vida tendrás problemas. El diablo es tu enemigo, de manera que te arrojará todo lo que tenga. Problemas en la escuela, en casa y con amigos. Temor, soledad y duda. Anticipa estos problemas y mantente firme. Y cuando ataque el maligno, da gracias.

Sí, ¡da gracias! Agradéceme por ser capaz de sacar algo bueno de cualquier cosa. Alábame por la oportunidad de ver mi poder en tu vida. Adórame, a mí, el Dios que siempre tiene un propósito, y quien no permitirá que el maligno te arrebate. Y agradéceme por la fortaleza espiritual que obtienes al soportar los problemas con valentía.

PARA CONVERSAR

¿Parece extraño estar agradecido cuando las cosas no están yendo bien? Piensa en algún problema por el que has tenido que pasar. ¿Sabes que Jesús estuvo contigo en cada paso de ese problema?

Deja que mi luz te envuelva

Acércate a mí cuando tus pecados te sean muy pesados. Confiesa tu maldad, de la cual yo sé desde antes que digas una palabra. Permanece en la luz de mi Presencia, recibiendo perdón, limpieza y sanidad. Recuerda que *yo te he revestido de mi justicia*, de modo que nada puede separarte de mí. Cuando tropieces o caigas, yo estaré ahí para ayudar a levantarte.

La tendencia del hombre es esconderse de su pecado, buscando refugio en la oscuridad. Ahí, él se entrega a la autocompasión, la negación, la arrogancia, la culpa y el odio. Pero *yo soy la luz del mundo*, y mi resplandor diezma la oscuridad. Acércate a mí y deja que mi luz te envuelva, echando fuera las tinieblas y permeando en ti con paz.

LEAN JUNTOS

Pero si andamos en luz, como él está en luz, tenemos comunión unos con otros, y la sangre de Jesucristo su Hijo nos limpia de todo pecado.

—1 Juan 1.7

Profundicen en la lectura: Isaías 61.10; Juan 8.12

Vive en mi luz

Llevar cargando tus pecados es como cargar una mochila llena de piedras. Las piedras se llaman *vergüenza*, *culpabilidad*, *auto-compasión*, *celos*, e incluso *odio*. A medida que pasa el tiempo, tu mochila se vuelve cada vez más pesada, y te jala.

Dame tu carga... completa. Dime tus pecados y entrégame esa mochila. Quiero sacar todas las piedras pesadas. Luego quiero llenar de nuevo tu mochila con *amor*, *misericordia*, *perdón*, *gozo* y *paz*. En lugar de pesarte, estas cosas te levantarán y harán tu camino más fácil.

No te avergüences de traerme tus pecados. Yo ya los conozco todos, y solo estoy esperando perdonarte. Es por eso que morí en la cruz: para tomar el castigo por tus pecados. No vivas en la oscuridad del pecado. Vive en la luz de mi perdón.

PARA CONVERSAR

Si piensas en los pecados como piedras pesadas, ¿cuáles son algunas de las «piedras» que has estado cargando? ¿Por qué son tan pesados estos pecados? ¿Cómo es que la oración puede ayudarte a deshacerte de ellos? ¿De qué te gustaría que Jesús llenara tu mochila a cambio?

Depende de mí

Vivir dependiendo de mí es una aventura gloriosa. La mayoría de las personas se apresuran atareadas, intentando llevar a cabo las cosas mediante su propia fuerza y habilidad. Algunas tienen un enorme éxito; otras fracasan miserablemente. Ambos grupos se pierden de lo que la vida se trata en realidad: vivir y trabajar en colaboración conmigo.

Tu perspectiva completa cambia cuando dependes de mí continuamente. Tú ves milagros a tu alrededor, mientras que los demás solamente ven sucesos naturales y «coincidencias». Tú comienzas cada día con una expectativa gozosa, mirando con atención lo que yo haré. Tú aceptas la debilidad como un obsequio mío, sabiendo que *mi poder se conecta más fácilmente con la debilidad bendecida.* Tú mantienes tus planes como una posibilidad, sabiendo que mis planes son superiores. *Tú vives, te mueves y eres en mí conscientemente,* deseando que yo viva en ti. Yo en ti y tú en mí. Esta es la aventura suprema que te ofrezco.

LEAN JUNTOS

En aquel día vosotros conoceréis que yo estoy en mi Padre, y vosotros en mí, y yo en vosotros.

—Juan 14.20

Profundicen en la lectura: 2 Corintios 12.9-10; Hechos 17.28; Colosenses 2.6-7

Una aventura conmigo

Vivir dependiendo de mí es una gran aventura. La mayoría de las personas —adultos y niños por igual— andan por ahí tratando de hacer las cosas a su modo. Algunas tienen grandes éxitos; otras fracasan miserablemente. Ambos grupos se pierden lo que debe ser la vida: *una aventura conmigo*.

Cuando tú me das el control de tu vida, yo te abro los ojos para que puedas verme obrando en el mundo. Donde otros ven «coincidencias», tú ves mi asombrosa obra, en ocasiones incluso milagros. Y donde otros solamente ven un suceso diario, tú me ves a mí.

Vive cada día buscando lo siguiente que haré. Tú estás en mí y yo estoy en ti, y a través de mí aprendes a vivir de verdad. Esta es la asombrosa aventura que te ofrezco.

PARA CONVERSAR

Para toda grandiosa aventura se necesita una guía. ¿Estás permitiendo que Jesús te guíe? ¿Cómo puedes asegurarte de que Él sea tu guía en esta aventura de tu vida?

Caminos de paz

Yo soy el *Príncipe de paz*. Como les dije a mis discípulos, también te digo a ti: *la paz sea contigo*. Ya que soy tu compañero constante, mi paz está contigo incondicionalmente. Cuando te enfocas en mí, experimentas tanto mi Presencia como mi paz. Adórame como el Rey de reyes, el Señor de señores y el Príncipe de paz.

Tú necesitas mi paz en cada momento para cumplir mis propósitos en tu vida. A veces te sientes tentado a tomar atajos con el fin de alcanzar tu meta tan pronto como sea posible. Pero si el atajo requiere darle la espalda a mi dulce Presencia, debes elegir la ruta más larga. Camina conmigo por los caminos de paz, disfruta el camino en mi Presencia.

LEAN JUNTOS

Porque un niño nos es nacido, hijo nos es dado, y el principado sobre su hombro; y se llamará su nombre Admirable, Consejero, Dios Fuerte, Padre Eterno, Príncipe de paz.

—Isaías 9.6

PROFUNDICEN EN LA LECTURA: JUAN 20.19-21;
SALMOS 25.4

Príncipe de paz

Yo tengo muchos nombres: Admirable Consejero, Dios Fuerte, Padre Eterno, Príncipe de paz, Rey de reyes y Señor de señores. Pero en este mundo abatido, posiblemente me necesites más como Príncipe de paz.

Mi paz siempre está contigo, debido a que yo nunca me aparto de ti. Tú necesitas esta paz en cada momento para vivir en mi plan para tu vida. A veces quizá desees tomar atajos para alcanzar tu meta tan pronto como sea posible. Pero si tomar el atajo significa que le des la espalda a mi Presencia de paz, entonces no lo hagas. Continúa caminando conmigo por estas sendas de paz, incluso en este mundo enloquecido.

PARA CONVERSAR

Jesús tiene muchos nombres, y uno de ellos es Príncipe de paz. ¿Cómo es que la Presencia de Jesús te hace sentir en paz? ¿Cómo pasas tiempo con Jesús?

Confía siempre en mí

Intenta confiar en mí en cada vez más áreas de tu vida. Cualquier cosa que tienda a tornarte ansioso es una oportunidad para crecer. En lugar de huir de estos desafíos, acógelos, deseoso de obtener todas las bendiciones que yo he escondido en las dificultades. Si crees que soy soberano sobre cada aspecto de tu vida, te es posible confiar en mí en todas las situaciones. No pierdas energía lamentándote de cómo son las cosas o pensando en lo que pudo haber sido. Comienza en el momento presente, aceptando las cosas tal como son, y busca mi camino en medio de aquellas circunstancias.

La confianza es como una vara en que puedes apoyarte a medida que vas cuesta arriba conmigo. Si confías en mí constantemente, la vara soportará tanto peso como sea necesario. *Apóyate, asegúrate y confía en mí con todo tu corazón y toda tu mente.*

LEAN JUNTOS

Confía en el Señor con todo tu corazón; no dependas de tu propio entendimiento. Busca su voluntad en todo lo que hagas, y él te mostrará cuál camino tomar.

—Proverbios 3.5-6, ntv

PROFUNDICEN EN LA LECTURA: Salmos 52.8

Bendiciones escondidas

Aprende a confiar en mí en cualquier situación, tanto en las situaciones difíciles como en las fáciles. Confía en mí cuando no comprendas lo que está sucediendo. Confía en mí cuando todo parezca estar fuera de control. Confía en mí cuando sientas que estás solo y nadie te entiende. *Yo te entiendo.*

No pierdas tu tiempo pensando en cómo debieron haber sido las cosas. No intentes huir. Comienza en este mismo momento aceptando las cosas tal como son, y busca mi camino a través de los desafíos. Aprende a buscar las bendiciones y las oportunidades que he escondido en aquellas dificultades. Confía en mí y apóyate en mí. Yo te amo y nunca te decepcionaré.

PARA CONVERSAR

La confianza es algo importante. ¿Qué significa confiar en alguien? ¿Qué significa confiar en Jesús? ¿Cómo se nota en tu vida que confías en Jesús?

El Alfarero y el barro

Yo soy el Alfarero; tú eres el barro. Yo te diseñé antes de la fundación del mundo. Yo acomodo los eventos de cada día para formar en ti un patrón preconcebido. Mi amor eterno está obrando en cada evento de tu vida. Algunos días, tu voluntad y la mía fluirán con soltura. Tú tiendes a sentir que tienes el control de tu vida cuando nuestras voluntades están en armonía. Otros días sientes como si estuvieras nadando contracorriente, contra el flujo de mis propósitos. Cuando eso suceda, detente a buscar mi rostro. Puede ser que la oposición que sientes venga de mí, o podría venir del maligno.

Habla conmigo acerca de lo que estás experimentando. Permite que mi Espíritu te guíe a través de las aguas turbulentas. A medida que avances conmigo por el arroyo turbulento, deja que las circunstancias te formen en quien yo deseo que seas. Dile *sí* a tu Alfarero mientras caminas por este día.

LEAN JUNTOS

Ahora pues, Jehová, tú eres nuestro padre; nosotros barro, y tú el que nos formaste; así que obra de tus manos somos todos nosotros.

—Isaías 64.8

Profundicen en la lectura: Salmos 27.8; 1 Juan 5.5-6

Yo soy el Alfarero

¿Alguna vez has visto a un alfarero formando una pieza de arte a partir de un cúmulo de barro? Antes de que el alfarero comience a darle forma al barro, él tiene un plan en mente. Será un tazón, un florero, un jarro. Él sabe exactamente qué hará y cómo usará la pieza terminada. Cada detalle está formado con amor.

Tú eres mi barro y yo soy tu Alfarero. Yo te diseñé antes de que el mundo fuera hecho. Yo tengo un plan para ti en mi reino. Tú animarás, serás un buen amigo, compartirás mi Palabra. Yo moldeo cada día, cada evento de tu vida, con amor.

Habla conmigo a medida que avances en el día. Permíteme mostrarte cómo es que este día, junto con todas sus alegrías y sus problemas, puede formarte en la obra maestra que yo diseñé.

PARA CONVERSAR

Piensa en cómo el alfarero moldea el barro. A veces lo aplana suavemente, pero en ocasiones empuja para moldearlo en la forma que desea. ¿Cómo es que Jesús te moldea y te da forma?

Estoy a tu alrededor

Yo ESTOY A TU ALREDEDOR, moviéndome cerca de ti, incluso cuando buscas mi rostro. Estoy más cerca de ti de lo que quieres creer, más cerca que el aire que respiras. Si tan solo mis hijos pudieran reconocer mi Presencia, jamás volverían a sentirse solos. *Yo conozco cada uno de tus pensamientos, cada palabra antes de que la pronuncies.* ¿Puedes darte cuenta de lo absurdo que es intentar esconderme algo? Fácilmente puedes engañar a otras personas, e incluso a ti mismo, pero yo te leo como un libro abierto de letra grande.

En la profundidad, la mayoría de las personas tienen consciencia de mi Presencia inminente. Muchas personas huyen de mí y niegan vehementemente mi existencia, porque mi cercanía les aterra. Pero mis propios hijos no tienen de qué temer, porque yo los he limpiado con mi sangre y los he revestido de mi justicia. Sé bendecido con la cercanía íntima conmigo. Ya que vivo en ti, déjame también vivir a través de ti, haciendo resplandecer mi luz en las tinieblas.

LEAN JUNTOS

Tú has conocido mi sentarme y mi levantarme; has entendido desde lejos mis pensamientos. Has escudriñado mi andar y mi reposo, y todos mis caminos te son conocidos. Pues aún no está la palabra en mi lengua, y he aquí, oh Jehová, tú la sabes toda.

—SALMOS 139.1-4

PROFUNDICEN EN LA LECTURA: EFESIOS 2.13;
2 CORINTIOS 5.21

Un libro abierto

Yo estoy a tu alrededor. Estoy más cerca de ti de lo que crees, incluso más cerca que el aire que respiras. Yo conozco cada pensamiento antes de que lo pienses, cada palabra antes de que la digas. ¡Entonces puedes ver lo tonto que es intentar esconderme algo!

Podrás engañar a tus padres, a tus maestros y a tus amigos. Pero nunca puedes engañarme a mí. Yo puedo leerte como un libro abierto. Conozco cada secreto, cada pecado. Pero no lo digo para provocarte temor ni para hacerte sentir culpable o avergonzado. Lo digo para que *nunca* vuelvas a sentirte despreciado ni solo.

Escúchame con cuidado cuando digo que: yo sé todo de ti, y aun así, *nunca* te abandonaré y *nunca* dejaré de amarte. Yo he quitado todos tus pecados, de modo que puedas estar cerca de mí.

PARA CONVERSAR

Jesús conoce cada cosa de ti: lo bueno, lo malo y todo lo demás, y continúa amándote. Él nunca dejará de amarte. ¿De verdad, de verdad crees que Jesús te ama?

AGRADÉCEME POR MI ESPÍRITU

AGRADÉCEME POR EL GLORIOSO REGALO DE MI ESPÍRITU. Es como extraer agua de un pozo. A medida que me traes el sacrificio de acción de gracias, a pesar de tus sentimientos, mi Espíritu puede obrar más libremente en tu interior. Esto produce más acción de gracias y más libertad, hasta que rebosas de gratitud.

Yo hago llover bendiciones sobre ti diariamente, pero en ocasiones no las percibes. Cuando tu mente está atorada en una perspectiva negativa, no me ves a mí ni mis regalos. En fe, agradéceme por lo que esté preocupando tu mente. Esto despejará el obstáculo, de forma que puedas encontrarme.

LEAN JUNTOS

Mas el que nos hizo para esto mismo es Dios, quien nos ha dado las arras del Espíritu.

—2 CORINTIOS 5.5

PROFUNDICEN EN LA LECTURA: SALMOS 50.14;
2 CORINTIOS 3.17; SALMOS 95.2

El obsequio del Espíritu

Yo hago llover bendiciones sobre ti todos los días. Están ahí aun cuando no te das cuenta.

Una de mis más grandes bendiciones es el obsequio del Espíritu Santo. Él vive dentro de ti, enseñándote y guiándote.

El Espíritu Santo es como un gran multiplicador. En matemáticas, cinco más cinco es igual a diez. Pero cinco *por* cinco es igual a veinticinco, un resultado mucho más grande. El Espíritu Santo obra en una manera muy similar. Él toma tu fe y la multiplica. Quizá comiences con muy poca fe en mí, pero el Espíritu obra para multiplicarla, de manera que crezca mucho más.

Asegúrate de agradecerle a mi Espíritu. Esto le ayuda a obrar más libremente en ti, haciéndote todavía *más* agradecido ¡y también más gozoso!

PARA CONVERSAR

Cada día está lleno de lluvias de bendiciones. ¿Por qué en ocasiones es difícil ver esas bendiciones? ¿Cómo te ayuda el Espíritu Santo a ver tus bendiciones?

No temas

Yo quiero ser importante en todo tu ser. Cuando te enfocas firmemente en mí, mi paz echa fuera temores y preocupaciones. Estos te rodearán, buscando una entrada; por lo tanto, debes permanecer alerta. Deja que la confianza y la acción de gracias hagan guardia, echando fuera el temor, antes de que este pueda obtener un punto de apoyo. *En mi amor no hay temor,* y resplandece en ti continuamente. Siéntate tranquilamente en mi luz de amor, mientras te bendigo con una paz radiante. Haz que todo tu ser confíe en mí y me ame.

LEAN JUNTOS

En el amor no hay temor, sino que el perfecto amor echa fuera el temor; porque el temor lleva en sí castigo. De donde el que teme, no ha sido perfeccionado en el amor.

—1 Juan 4.18

PROFUNDICEN EN LA LECTURA:
2 Tesalonicenses 3.16; Números 6.25-26

Cuando tengas miedo...

Yo quiero ser el centro de tu vida. Cuando te enfocas en mí, mi paz persigue tus temores y preocupaciones.

Yo lo sé... a veces *todos* tienen miedo. No estoy diciendo que *nunca* tendrás miedo. Lo que estoy diciendo es que nunca tienes que enfrentar solo tus miedos. Yo *siempre* estoy contigo, y mi fuerza *siempre* está a tu disposición. Yo *nunca* te dejaré.

Pero el temor es escondidizo. Justo cuando pensabas que ya lo habías sacado de tu vida, este se esconde y te susurra al oído: *Estás solo.* Pero recuerda mis palabras: *Yo siempre estoy contigo.*

Agradéceme por mi Presencia y confía en mí; esto te protegerá del temor. Pasa tiempo en la luz de mi amor, mientras te bendigo con mi paz.

PARA CONVERSAR

¿Hay ciertas cosas que te atemorizan? ¿En qué maneras Dios es más grande que esos temores? ¿Cómo te protege Dios?

Escúchame

Aprende a escucharme a mí aunque estés escuchando a otras personas. Cuando ellas abren su alma a tu escrutinio, *tú estás en tierra santa*. Necesitas la ayuda de mi Espíritu para responder apropiadamente. Pídele que piense a través de ti, viva a través de ti, ame a través de ti. Mi propio ser está vivo dentro de ti en la persona del Espíritu Santo. Si respondes a las necesidades de los demás mediante tus procesos mentales naturales, les estás ofreciendo migas secas. Cuando el Espíritu empodera tu oído y tu boca, mis *ríos de agua viva fluyen* a través de ti hacia los demás. Sé un canal de mi amor, mi gozo y mi paz al escucharme a mí mientras escuchas a los demás.

LEAN JUNTOS

El que cree en mí, como dice la Escritura, de su interior correrán ríos de agua viva. Esto dijo del Espíritu que habían de recibir los que creyesen en él; pues aún no había venido el Espíritu Santo, porque Jesús no había sido aún glorificado.

—Juan 7.38-39

Profundicen en la lectura:
Éxodo 3.5; 1 Corintios 6.19

Mientras escuchas

Aprende a escucharme aun cuando estés escuchando a otros. Cuando un amigo confía en ti lo suficiente como para abrir su corazón, su alma y sus problemas contigo, estás parado en tierra santa. Y tienes una oportunidad santa para ayudar. Pero si solamente utilizas tus propios pensamientos y tu sabiduría para ayudar a esa persona, entonces lo que estás ofreciéndole son solo migas secas.

En cambio, clama al Espíritu Santo que vive dentro de ti. Pídele que piense por medio de ti, viva por medio de ti, ame por medio de ti. Pídele las palabras que tienes que decir.

El Espíritu te llena de ríos de agua viva: mi amor, mi gozo y mi paz. Cuando le dejas tomar el control de tus oídos y de tu boca, esa agua viva fluye a través de ti hacia los demás. Por lo tanto, escúchame a mí mientras estás escuchando a los demás. Tú serás una bendición para ellos, y tú también serás bendecido.

PARA CONVERSAR

¿Eres un buen amigo? ¿Los demás te dicen lo que están pensando y sintiendo cuando tienen un problema? ¿Cómo puede ayudarte el Espíritu Santo a saber qué decir cuando alguien necesita ayuda?

Mi radiante belleza

Adórame en la belleza de la santidad. Yo creé la belleza para declarar la existencia de mi ser santo. Una rosa magnífica, un atardecer conmovedoramente glorioso, el esplendor del océano: todas estas cosas están hechas para proclamar mi Presencia en el mundo. La mayoría de las personas pasan por alto apresuradamente estas proclamaciones sin detenerse a pensar en ellas. Algunas personas utilizan la belleza, en especial la belleza femenina, para vender productos.

Cuán preciosos son mis hijos que se asombran de la belleza de la naturaleza; esto los abre a mi santa Presencia. Aun antes de que me conocieras personalmente, tú respondías a mi creación con asombro. Esto es un regalo, y conlleva una responsabilidad. Declárale mi glorioso ser al mundo. *Toda la tierra está llena de mi radiante belleza: ¡mi gloria!*

LEAN JUNTOS

Y el uno al otro daba voces, diciendo: Santo, santo, santo, Jehová de los ejércitos; toda la tierra está llena de su gloria.

—Isaías 6.3

Profundicen en la lectura: Salmos 29.2; 1 Samuel 2.2

La belleza de la creación

Toda la creación declara que yo soy Dios. Y la belleza de la creación declara mi gloria.

Abre tus ojos a la belleza que te rodea. Ve la majestad de las montañas, el poder de las olas del mar, los detalles de la flor silvestre más pequeña, los infinitos colores del atardecer, y sabe que soy el Dios santo.

Demasiadas personas pasan por alto, apresuradas, estas señales de mi Presencia, sin siquiera pensar en ellas. Algunas solo utilizan la belleza para vender productos, olvidándose de mí. Pero yo quiero que abras tus ojos a la gloria de mi creación. Que esta asombrosa belleza te acerque a adorarme.

Alégrate de que yo soy el Dios santo que creó un mundo tan bello. Y utiliza la gloria de mi creación para contarles de mí a los demás. Toda la tierra está llena de mi radiante belleza: *¡Mi gloria!*

PARA CONVERSAR

Toma un momento para salir a mirar el mundo que te rodea: los cielos, los árboles, las aves. ¿Qué te dice la creación de Dios acerca de Él? ¿Qué te dice acerca de su amor y de su cuidado para contigo?

MIS ABUNDANTES BENDICIONES

ESTE ES UN TIEMPO DE ABUNDANCIA en tu vida. *Tu copa rebosa* de bendiciones. Después de ir cuesta arriba durante muchas semanas, ahora estás paseando por los exuberantes campos inundados del cálido sol. Quiero que disfrutes al máximo este tiempo de comodidad y refrigerio. Yo me deleito en proveerte.

En ocasiones mis hijos dudan en recibir mis buenos obsequios con las manos abiertas. Sentimientos de falsa culpabilidad se filtran, diciéndoles que no merecen ser tan ricamente bendecidos. Este es un pensamiento insensato, porque nadie merece nada de mí. Mi reino no se trata acerca de ganarse o merecer algo; se trata acerca de creer y recibir.

Cuando un hijo mío se rehúsa a recibir mis obsequios, me lastima profundamente. Yo me gozo cuando recibes mis abundantes bendiciones con un corazón agradecido. Mi deleite en darte y tu deleite en recibir fluyen juntos en una alegre armonía.

LEAN JUNTOS

Aderezas mesa delante de mí en presencia de mis angustiadores; unges mi cabeza con aceite; mi copa está rebosando.

—SALMOS 23.5

PROFUNDICEN EN LA LECTURA: JUAN 3.16;
LUCAS 11.9-10; ROMANOS 8.32

No puedes ganarte mis bendiciones

Este es un tiempo de abundancia en tu vida. Tu copa rebosa de bendiciones. Disfruta este tiempo, es mi regalo para ti.

No te sientas culpable cuando todo vaya bien. No huyas de mis bendiciones porque pienses que no mereces ser tan bendecido. Esas son tonterías. La verdad es que nadie merece nada de mí. Mi reino no se trata acerca de ganarse las bendiciones. Y la vida conmigo no es una clase de juego en el que ganes puntos para comprar premios. La buena conducta no compra las bendiciones.

En lugar de intentar trabajar por mis bendiciones, quiero que las recibas con agradecimiento. Yo te doy buenos obsequios porque me encanta ver que te gozas cuando los recibes. Así que abre tus manos y tu corazón, y acepta mis bendiciones con agradecimiento. ¡Esto nos hace gozarnos a ti y a mí!

PARA CONVERSAR

¿Cuáles son algunas de tus más grandes bendiciones? ¿Eres bendecido solamente cuando suceden cosas buenas? ¿Cómo puedes recordar agradecerle siempre a Dios por las muchas bendiciones de tu vida?

Tú eres una nueva criatura

Yo soy el Resucitado que siempre resplandece sobre ti. Tú adoras a una deidad viva, no a una imagen idólatra hecha por el hombre. Tu relación conmigo debe ser vibrante y desafiante, a medida que yo invado cada vez más áreas de tu vida. No temas al cambio, porque yo estoy haciendo una *nueva creación* en ti, *las cosas viejas quedan atrás y las cosas nuevas están continuamente en el horizonte.* Cuando te aferras a las viejas maneras y a la monotonía, resistes mi obra en ti. Yo quiero que recibas todo lo que estoy haciendo en tu vida, encontrando tu seguridad solamente en mí.

Es fácil hacer un ídolo de la rutina, encontrando seguridad dentro de los límites que has construido alrededor de tu vida. Aunque cada día contenga veinticuatro horas, cada uno de ellos presenta un conjunto único de circunstancias. No intentes hacer encajar este día en el molde de ayer. En cambio, pídeme que abra tus ojos para que puedas encontrar todo lo que yo he preparado para ti en este precioso día de vida.

LEAN JUNTOS

De modo que si alguno está en Cristo, nueva criatura es; las cosas viejas pasaron; he aquí todas son hechas nuevas.

—2 Corintios 5.17

Profundicen en la lectura: Mateo 28.5-7

Un nuevo tú

Yo vine a la tierra, fui crucificado, y luego resucité de la tumba, de manera que pudiera crear un *nuevo tú*. Un «tú» que no esté atorado en la rutina, que no se preocupe por lo que piensan los demás, que no tema las cosas nuevas.

Quiero que tengas una vida emocionante, llena de aventura y desafíos. Yo tengo muchos planes para ti; quiero que hagas cosas grandiosas para mi reino. Sin embargo, primero tienes que cederme el control de tu vida antigua. Permíteme tener tus antiguas preocupaciones, tus antiguas luchas, tus antiguas tentaciones y pecados. Yo me desharé de ellos, de forma que pueda obrar en tu vida.

El cambio puede asustarte, pero confía en mí. Yo tengo planes grandes para este día y todos los días de tu vida.

PARA CONVERSAR

¿En qué se diferencia el «nuevo tú» del «viejo tú»? ¿Existen antiguas preocupaciones, luchas, tentaciones o pecados que necesites entregarle a Jesús? Pídele a Jesús que se lleve estas cosas de tu antigua vida y te dé una nueva vida en Él.

El escudo de la fe

Pasar tiempo a solas conmigo es esencial para tu bienestar. No es un lujo ni una opción; es una necesidad. Por lo tanto, no te sientas culpable de pasar tiempo conmigo. Recuerda que Satanás es *el acusador de los hermanos.* Él se deleita en amontonar sentimientos de culpabilidad sobre ti, en especial cuando estás disfrutando de mi Presencia. Cuando sientas las saetas de acusación de Satanás, probablemente te encuentres en el camino correcto. Utiliza tu *escudo de la fe* para protegerte de él. Habla conmigo acerca de lo que estás experimentando, y pídeme que te muestre el camino hacia delante. *Resiste al diablo y él huirá de ti. Acércate a mí, y yo me acercaré a ti.*

LEAN JUNTOS

Sobre todo, tomad el escudo de la fe, con que podáis apagar todos los dardos de fuego del maligno.

—Efesios 6.16

Profundicen en la lectura:
Apocalipsis 12.10; Santiago 4.7-8

Toma tu escudo

Cada día hay una batalla: una batalla por tu mente. Y Satanás tiene una cantidad ilimitada de saetas. Sus saetas son las mentiras que te susurra, intentando debilitar tu fe. Sus saetas dicen: «Nadie te ama», «Ni siquiera Jesús perdonaría eso», «No hay esperanza para ti», «No vales nada»... mentira tras mentira tras mentira.

Protégete con tu escudo de la fe. Cuando sientas el pinchazo de una de las mentiras de Satanás, acércate a mí y escucha mi verdad. La verdad es que te amo tanto que morí por ti. No hay nada que puedas hacer que yo no perdone. En mí siempre hay esperanza. Y tú eres mi propia creación especial, siempre eres precioso para mí.

Toma tu escudo de la fe. Enfréntate al enemigo, y él huirá de ti. Acércate a mí, y yo me acercaré a ti.

PARA CONVERSAR

¿Qué mentiras ha intentado el diablo que creas? ¿Qué dice la Palabra de Dios acerca de esas mentiras? ¿Cómo es que el escudo de la fe te protege de las mentiras del maligno?

Busca agradarme

Busca agradarme a mí por sobre todas las cosas. Que ese objetivo sea tu foco de atención a medida que avanzas en el día. Tal mentalidad te protegerá de dejar que el viento se lleve tu energía. El libre albedrío que te otorgué conlleva una responsabilidad asombrosa. Cada día te presenta decisión tras decisión. Tú ignoras muchas de estas decisiones y las tomas automáticamente. Sin un foco de atención que te guíe puedes perder el rumbo. De ahí la importancia de permanecer comunicado conmigo, viviendo consciente de mi Presencia con agradecimiento.

Tú vives en un mundo caído y desarticulado en el que las cosas se desmoronan. Es solamente una relación vibrante conmigo lo que puede evitar que tú te desmorones también.

LEAN JUNTOS

Y todo lo que hagáis, hacedlo de corazón, como para el Señor y no para los hombres; sabiendo que del Señor recibiréis la recompensa de la herencia, porque a Cristo el Señor servís.

—Colosenses 3.23-24

Profundicen en la lectura: Mateo 6.33; Juan 8.29

Trabaja para mí

Cada día te enfrentas con una decisión tras otra. Cuando estás intentando tomar decisiones, necesitas una buena meta que te guíe. Por lo tanto, busca agradarme en todas tus decisiones, en todo lo que hagas.

Sabes que para agradarme necesitas pasar tiempo conmigo. La adoración, la oración, la alabanza y el estudio bíblico son cosas que me hacen sonreír.

Pero agradarme no solamente se trata de las cosas que haces conmigo; también se trata de las cosas que haces por mí. Desde las cosas grandes, como ayudar a los enfermos, darle a los pobres y ser amigo de los que no tienen amigos, hasta las cosas diarias, como vaciar el lavaplatos por tu mamá, sacar la basura por tu papá y ser respetuoso; hacer todo para mí. Puede parecer que estás trabajando para los demás, pero en realidad estás trabajando para mí. De manera que haz tu mejor esfuerzo, sabiendo que yo estaré contigo en todo.

PARA CONVERSAR

¿En qué se diferencia trabajar para el Señor de trabajar para la gente? Si haces que agradar a Jesús sea tu meta, ¿qué cambiaría en tu vida?

Siéntate a pasar tiempo conmigo

Relájate en mi Presencia. Mientras pasas tiempo conmigo, tus pensamientos tienden a irse encima de tus problemas y planes de hoy. Vuelve tu mente a mí para ser reanimado y renovado. Permite que la luz de mi Presencia se te impregne, mientras enfocas en mí tus pensamientos. De esta manera, yo te capacito para enfrentar lo que traiga el día. Este sacrificio de tiempo me agrada a mí y te fortalece a ti. No escatimes nuestro tiempo juntos. Resiste al clamor de las tareas que están esperando por hacerse. *Tú has escogido lo mejor, y no te será quitado.*

LEAN JUNTOS

Esta tenía una hermana que se llamaba María, la cual, sentándose a los pies de Jesús, oía su palabra. Pero Marta se preocupaba con muchos quehaceres, y acercándose, dijo: Señor, ¿no te da cuidado que mi hermana me deje servir sola? Dile, pues, que me ayude. Respondiendo Jesús, le dijo: Marta, Marta, afanada y turbada estás con muchas cosas. Pero solo una cosa es necesaria; y María ha escogido la buena parte, la cual no le será quitada.

—Lucas 10.39-42

Profundicen en la lectura: Salmos 89.15;
Salmos 105.4

Escógeme

Estás sumamente ocupado, pero quiero que te detengas un minuto. Deja el juego, cuelga el teléfono, apaga la computadora. Pasa tiempo conmigo.

Aun ahora mismo tus pensamientos van más rápido que tus planes y problemas de hoy. Pero haz a un lado aquellos pensamientos y preocupaciones. Solamente piensa en mí y en lo mucho que te amo. Yo sé exactamente lo que sucederá hoy en tu vida. No te preocupes. Yo te daré todo lo que necesitas para enfrentar tu día.

Por favor, no escatimes nuestro tiempo juntos. La computadora, y el teléfono, y los deberes estarán ahí cuando terminemos nuestro tiempo. Escógeme primero, y las bendiciones que yo te doy no te serán quitadas.

PARA CONVERSAR

¿Por qué es tan importante el tiempo con Jesús? ¿Puedes notar la diferencia entre los días que pasas con Jesús y los días que no recuerdas pasar tiempo con Jesús? ¿Qué harás para hacer que en tu día haya tiempo para Él?

ESPERAR EN LA PRESENCIA DE DIOS

YO ESTOY TRABAJANDO POR TI. Tráeme todas tus preocupaciones, incluso tus sueños. Habla conmigo acerca de todo, permitiendo que la luz de mi Presencia resplandezca sobre tus esperanzas y tus planes. Pasa tiempo conmigo, permitiendo que mi luz les infunda vida a tus sueños, transformándolos gradualmente en realidad. Esta es una manera muy práctica de colaborar conmigo. Yo, el Creador del universo, me he dignado a crear junto contigo. No intentes apresurar este proceso. Si quieres trabajar conmigo, tienes que aceptar mi período de tiempo. La prisa no está en mi naturaleza. Abraham y Sara tuvieron que esperar muchos años para el cumplimiento de mi promesa, un hijo. ¡Vaya que su larga espera intensificó el disfrute de su hijo! *La fe es la seguridad de las cosas que se esperan, la cual percibe como un hecho lo que no ha sido revelado a los sentidos.*

LEAN JUNTOS

La fe es la confianza de que en verdad sucederá lo que esperamos; es lo que nos da la certeza de las cosas que no podemos ver.

—HEBREOS 11.1, NTV

PROFUNDICEN EN LA LECTURA: SALMOS 36.9;
GÉNESIS 21.1-7

La fe es saber

Yo estoy trabajando para tu bien a cada momento de cada día. Tráeme todas tus preocupaciones y tu temor. Habla conmigo acerca de todo. Deja que la luz de mi Presencia ahuyente tus sombras.

Tráeme tus esperanzas y tus sueños también. Trabajemos juntos en ello, transformándolos poco a poco de deseos a realidad.

Todo esto toma tiempo. No intentes tomar atajos ni apresurar el proceso. Cuando trabajas conmigo, debes aprender a aceptar mis tiempos. ¿Recuerdas cuánto tiempo esperaron un hijo Abraham y Sara? Pero cuando finalmente llegó Isaac, su gozo fue todavía mayor por causa de su larga espera.

La fe es *saber* que yo cumpliré mis promesas, creer que las cosas que estás esperando son tan reales como lo que ya puedes ver.

PARA CONVERSAR

¿Saber que los tiempos de Dios son perfectos te facilita confiar en sus tiempos? ¿Qué pasa si sus tiempos son diferentes a los tuyos? ¿Por qué deberías confiar en los tiempos de Dios, *especialmente* cuando son diferentes a los tuyos?

El poder de las palabras

Cuida diligentemente tus palabras. Las palabras tienen un gran poder para bendecir o para lastimar. Cuando hablas descuidadamente o negativamente, dañas a los demás, así como a ti mismo. La capacidad de verbalizar es un asombroso privilegio que se les concede solamente a aquellos creados a mi imagen. Tú necesitas ayuda para ejercer responsablemente este gran poder.

Aunque el mundo aplauda las respuestas avispadas, mis instrucciones acerca de la comunicación son muy diferentes: *sé rápido para escuchar, lento para hablar y lento para enfadarte.* Pídele a mi Espíritu que te ayude al hablar. Yo te he capacitado para orar —«Ayúdame, Espíritu Santo»— antes de responder el teléfono, y has visto los beneficios de esta disciplina. Simplemente aplica la disciplina para comunicarte con las personas que te rodean. Si están calladas, ora antes de hablar con ellas. Si están hablando, ora antes de responder. Estas son oraciones de segundos, pero te ponen en contacto con mi Presencia. De esta manera, tu diálogo es controlado por mi Espíritu. A medida que los patrones positivos de diálogo reemplacen los patrones negativos, te sorprenderás del incremento en tu gozo.

LEAN JUNTOS

Ninguna palabra corrompida salga de vuestra boca, sino la que sea buena para la necesaria edificación, a fin de dar gracia a los oyentes.
—Efesios 4.29

Profundicen en la lectura: Proverbios 12.18; Santiago 1.19

Palos y piedras

El dicho en inglés, que dice textualmente: «Los palos y las piedras pueden romperme los huesos, pero las palabras nunca me harán daño», simplemente no es cierto. Las palabras pueden ser más profundas que cualquier cuchillo. Y las heridas que dejan tal vez nunca sanen.

El mundo alaba a la gente que dice cosas «inteligentes», aunque lastimen y avergüencen a los demás. Pero ese *no* es el tipo de persona que yo quiero que seas. Tus palabras son herramientas poderosas. Yo quiero que las utilices para edificar a quienes te rodean, no para derribarlos.

Yo sé que en ocasiones te enfadas y te frustras, pero no digas lo primero que te venga a la mente. ¡Primero ora! Antes de que levantes el auricular, ora. Antes de responder las palabras de enojo de alguien, ora. ¡Antes de decir *cualquier cosa*, ora! Todo lo que se necesita para darme el control de tus palabras es una oración de segundos: «Ayúdame, Jesús».

PARA CONVERSAR

¿Alguna vez te han lastimado las palabras? Piensa en alguna ocasión en que tus palabras lastimaron a alguien, en que dijiste algo que desearías no haber dicho. ¿Qué podrías haber dicho en cambio?

DISCIERNE MI VOZ

YO TE AMO POR QUIEN ERES, no por lo que haces. Muchas voces compiten por controlar tu mente, en especial cuando te sientas en silencio. Debes aprender a discernir cuál es mi voz y cuál no. Pídele a mi Espíritu que te dé este discernimiento. Muchos de mis hijos corren en círculos, intentando obedecer las diversas voces que dirigen su vida. Esto resulta en patrones de vida fragmentados y frustrantes. No caigas en esta trampa. Camina cerca de mí en cada momento, escuchando mis instrucciones y disfrutando de mi compañía. Rehúsate a permitir que otras voces te aten. *Mis ovejas conocen mi voz y me siguen hacia donde las dirijo.*

LEAN JUNTOS

Y cuando ha sacado fuera todas las propias, va delante de ellas; y las ovejas le siguen, porque conocen su voz.

—JUAN 10.4

PROFUNDICEN EN LA LECTURA: EFESIOS 4.1-6

Escucha mi voz

Hay muchas voces que están intentando obtener tu atención. Los amigos, la televisión... y sí, incluso el diablo. Todos están intentando decirte qué es importante y cómo debes actuar. Y con frecuencia, todos ellos dicen algo diferente. Si tú escuchas esas voces terminarás corriendo en círculos sin llegar a ningún lugar, ¡tal como un cachorro que persigue su propia cola!

Aprende a escuchar *mi* voz. Aprende a distinguir mi voz de las demás. ¿Cómo es eso posible? *Ora*. Pídele a mi Espíritu que te ayude a escuchar mi voz por sobre todas las demás. Escucha con atención lo que yo digo, y luego sígueme hacia donde te dirija.

PARA CONVERSAR

¿Qué hace el pastor por sus ovejas? Si nosotros somos como las ovejas, ¿quién es nuestro buen Pastor? ¿Cómo podemos permitir que el buen Pastor nos guíe? ¿Cómo aprendemos a seguir a Jesús?

LA MENTE CONTROLADA POR EL ESPÍRITU

PERMÍTEME CONTROLAR TU MENTE. La mente es la parte más inquieta e indisciplinada del hombre. Mucho después de que has aprendido la disciplina de domar tu lengua, tus pensamientos desafían tu voluntad y se levantan contra mí. El hombre es el pináculo de mi creación, y la mente humana es asombrosamente compleja. Yo lo arriesgué todo al darte la libertad de pensar por ti mismo. Este es un privilegio divino que siempre te separará de los animales y de los robots. *Yo te hice a mi imagen,* apenas cercano a la deidad.

Aunque mi sangre te ha redimido por completo, tu mente es el último bastión de la rebeldía. Ábrete a mi radiante Presencia, permitiendo que mi luz permee en tus pensamientos. *Cuando mi Espíritu está controlando tu mente, eres lleno de vida y de paz.*

LEAN JUNTOS

Entonces dijo Dios: Hagamos al hombre a nuestra imagen, conforme a nuestra semejanza; y señoree en los peces del mar, en las aves de los cielos, en las bestias, en toda la tierra, y en todo animal que se arrastra sobre la tierra. Y creó Dios al hombre a su imagen, a imagen de Dios lo creó; varón y hembra los creó.

—GÉNESIS 1.26-27

PROFUNDICEN EN LA LECTURA: SALMOS 8.5; ROMANOS 8.6

Tienes una mente asombrosa

Yo te creé a mi propia imagen. Tú eres lo mejor de mi creación. Yo te di una mente capaz de generar pensamientos asombrosamente creativos. Lo arriesgué todo al darte la libertad para pensar por ti mismo. Tu asombrosa mente humana te hace totalmente diferente de los animales y los robots.

Yo pude haberte creado de manera que siempre *tuvieras que* amarme y buscarme. Pero deseaba que tú usaras tu mente para *decidir* amarme y buscarme.

Tu mente es asombrosa: puede imaginar, puede soñar y también puede rebelarse. Entrégame tus pensamientos. Permíteme llevarme la ira, las dudas, la rebeldía, y darte amor, fe y paz.

PARA CONVERSAR

Dios creó tu mente, y luego te permitió pensar por ti mismo. ¿Por qué tu mente es un asombroso obsequio? ¿Por qué crees que Dios te permite *decidir* amarlo, en lugar de obligarte a amarlo?

DISFRUTA MI PRESENCIA

YO SOY EL FUNDAMENTO FIRME sobre el cual puedes bailar, y cantar, y celebrar mi Presencia. Este es mi sublime y santo llamado para ti; recíbelo como un precioso regalo. *Glorificarme y disfrutarme* es una prioridad superior a mantener una vida organizada y estructurada. Deja de intentar tener todo bajo control, esa es una tarea imposible y una pérdida de tu preciosa energía.

Mi dirección para cada uno de mis hijos es única. Es por ello que escucharme resulta tan vital para tu bienestar. Permíteme prepararte para el día que te espera y mostrarte la dirección correcta. Yo estoy contigo continuamente; por lo tanto, no te sientas intimidado por el temor. Aunque te amenace, no puede lastimarte, mientras te tomes de mi mano. Mantén tus ojos puestos en mí, disfrutando la paz en mi Presencia.

LEAN JUNTOS

Pero alégrense todos los que en ti confían; den voces de júbilo para siempre, porque tú los defiendes; en ti se regocijen los que aman tu nombre.

—SALMOS 5.11

PROFUNDICEN EN LA LECTURA: EFESIOS 3.20-21; JUDAS 1.24-25; JOSUÉ 1.5

¡Grita de gozo!

¡Canta! ¡Baila! ¡Grita de gozo, porque yo soy tu Dios! No hay mayor razón para celebrar.

Canta de mi amor y de mi perdón dondequiera que vayas. Baila y grita de gozo, porque sirves a un Dios que te ama y te atesora.

Vive alabándome. Deja que las palabras que hablas y las cosas que haces me traigan gloria. Yo siempre estoy contigo, no permitas que el temor acalle tu alabanza. Mantén tus ojos puestos en mí, y yo te mantendré en la dirección correcta. ¡Canta, baila y grita de gozo!

PARA CONVERSAR

Así que ¡no hay mayor razón para celebrar! Explica cómo es que esto es verdad. ¿Cómo puedes celebrar a Dios en tu vida?

DIOS CONTIGO

Yo soy *DIOS CONTIGO*, todo el tiempo, toda la eternidad. No permitas que la familiaridad de ese concepto nuble su impacto en tu consciencia. Mi Presencia perpetua en ti puede ser una fuente continua de gozo que surge y fluye en ríos de vida abundante. Que tu mente resuene con los significados de mis nombres: Jesús, *el Señor que salva;* y Emanuel, *Dios con nosotros.* Intenta mantenerte consciente de mi Presencia, incluso en los momentos más atareados. Habla conmigo acerca de lo que te deleita, lo que te molesta, lo que está en tu mente. Estos pequeños pasos de disciplina diaria, al llevarlos a cabo uno tras otro, te mantendrán cerca de mí en el camino de la vida.

LEAN JUNTOS

Y dará a luz un hijo, y llamarás su nombre JESÚS, porque él salvará a su pueblo de sus pecados. [...] He aquí, una virgen concebirá y dará a luz un hijo, y llamarás su nombre Emanuel, que traducido es: Dios con nosotros.

—MATEO 1.21, 23

PROFUNDICEN EN LA LECTURA: JUAN 10.10; HECHOS 2.28

Quien yo soy

Yo soy Dios contigo. Lo escuchas frecuentemente en la iglesia. Pero no dejes que se vuelva algo ordinario. No dejes de vivir asombrado de mí.

Detente a pensar durante un momento en quien yo soy. Mi nombre es Jesús. Significa «el Señor que salva». Yo te salvo. Te salvo de los problemas y la desesperación de este mundo. Y te salvo de tus pecados por la eternidad.

También soy Emanuel, que significa «Dios con nosotros». *Dios contigo.* Yo siempre estoy contigo, y siempre estoy esperando escuchar de ti. Cuéntame acerca de lo que te hace feliz, de lo que te molesta, de lo que esté en tu mente.

No te acostumbres tanto a mí que olvides el asombro de quien yo soy o el gozo de conocerme, el Dios y Creador de todo el universo.

PARA CONVERSAR

Jesús significa «el Señor que salva», y Emanuel significa «Dios con nosotros». ¿Qué dicen estos nombres de tu Dios y de lo que Él quiere hacer por ti? ¿Por qué es importante saber esto?

No intentes repararlo todo

LOS PROBLEMAS SON PARTE DE LA VIDA. Son inevitables, están entretejidos en cada trama de este mundo caído. Tú tiendes a volverte un reparador de problemas muy fácilmente, actuando como si tuvieras la capacidad de repararlo todo. Esta es una respuesta habitual, tan automática que ignora tu pensamiento consciente. Este hábito no solamente te frustra, sino que te distancia de mí.

No permitas que las cosas que debes reparar se conviertan en tu primera prioridad. Tu capacidad para corregir todo lo que está mal en el mundo que te rodea es limitada. No te cargues con todas las responsabilidades que no dependen de ti. En cambio, haz que tu relación conmigo sea tu principal preocupación. Habla conmigo acerca de lo que esté en tu mente, buscando mi perspectiva para cada situación. En lugar de intentar reparar todo lo que se presente frente a ti, pídeme que te muestre lo que realmente importa. Recuerda que tú estás *de camino* al cielo, y deja que tus problemas se nublen a la luz de la eternidad.

LEAN JUNTOS

Mas nuestra ciudadanía está en los cielos, de donde también esperamos al Salvador, al Señor Jesucristo; el cual transformará el cuerpo de la humillación nuestra, para que sea semejante al cuerpo de la gloria suya, por el poder con el cual puede también sujetar a sí mismo todas las cosas.

—FILIPENSES 3.20-21

PROFUNDICEN EN LA LECTURA:
SALMOS 32.8; LUCAS 10.41-42

La luz celestial

En este mundo hay muchas cosas que necesitan ser reparadas. En *tu* mundo hay muchas cosas que necesitan arreglo: promesas rotas, relaciones rotas y muchas cosas más. Pero no tienes que ser tú quien lo repare. De hecho, tú *no* puedes repararlo. Simplemente eres un ser humano.

Aun así, eso no impide que lo intentes. Cuando ves algo malo, tú intentas arreglar el problema rápidamente. Tu principal responsabilidad es tu relación conmigo. Si hay un problema en tu día, habla conmigo al respecto. Pregúntame qué pienso al respecto. En lugar de solamente meterte e intentar arreglarlo todo, pídeme que te muestre lo que verdaderamente importa.

Recuerda que este mundo es solamente temporal y que solo estás de paso. Tu verdadero hogar está en el cielo, e incluso tus más grandes problemas se desvanecen a la luz celestial de la eternidad.

PARA CONVERSAR

Los problemas pueden hacer que este mundo parezca oscuro. Pero incluso los problemas más oscuros se desvanecen cuando la luz del cielo resplandece sobre ellos. ¿Por qué? ¿Lo has visto suceder en tu propia vida? ¿Tendrás problemas en el cielo?

Susurra mi nombre

CUANDO TE SIENTAS LEJOS DE MÍ, susurra mi nombre con dulce confianza. Esta simple oración puede restaurar tu consciencia de mi Presencia.

El mundo abusa constantemente de mi nombre, y la gente lo usa como una maldición. Esta agresión verbal llega al cielo; cada palabra es escuchada y registrada. Cuando tú susurras mi nombre con confianza, el dolor de mis oídos se apacigua. El molesto encono de las blasfemias del mundo no puede competir con la voz de un hijo que confía: «Jesús». El poder de mi nombre nos bendice a ti y a mí más de lo que piensas.

LEAN JUNTOS

Y en ningún otro hay salvación; porque no hay otro nombre bajo el cielo, dado a los hombres, en que podamos ser salvos.

—HECHOS 4.12

PROFUNDICEN EN LA LECTURA:
PROVERBIOS 18.10; JUAN 16.24

Mi nombre

Este mundo abusa constantemente de mi nombre. Algunas personas lo utilizan sin cuidado, sin siquiera darse cuenta de que están hablando del Señor de señores. Otras lo usan como una maldición, lo cual es un ataque a quien yo soy. Cada vez que alguien utiliza mi nombre, es grabado en los cielos.

De forma que cuando tú dices mi nombre en oración, cuando clamas a mi nombre en alabanza, y cuando susurras mi nombre en confianza, el dolor de mi corazón se calma. Todas las maldiciones del mundo se ahogan con tu amoroso susurro: «Jesús». Cuando hablas mi nombre en estas maneras, tanto tú como yo somos bendecidos.

PARA CONVERSAR

Jesús te escucha cada vez que dices su nombre. ¿Estas palabras te hacen sentir incómodo o feliz acerca de cómo utilizar el nombre de Jesús? ¿Por qué su nombre es el más importante de todos? ¿Cómo puedes mostrarle honor y amor al nombre de Jesús?

Delicados pastos

Acércate a mí con todas tus debilidades: físicas, emocionales y espirituales. Descansa en el consuelo de mi Presencia, recordando que *conmigo nada es imposible.*

Saca tu mente de los problemas, de manera que puedas enfocar en mí tu atención. Recuerda que yo *puedo hacer mucho más abundantemente de lo que pides o esperas.* En lugar de intentar decirme que haga esto o aquello, busca sintonizarte con lo que yo *ya* estoy haciendo.

Cuando la ansiedad intente forzar su entrada en tus pensamientos, recuerda que *yo soy tu Pastor.* La conclusión es que yo te estoy cuidando; por lo tanto, no necesitas temer de nada. Entrégate a mi voluntad en lugar de intentar mantener el control de tu vida. Aunque esto pueda parecer atemorizante, e incluso peligroso, el lugar donde debes estar es en mi voluntad.

LEAN JUNTOS

Jehová es mi pastor; nada me faltará. En lugares de delicados pastos me hará descansar; junto a aguas de reposo me pastoreará. Confortará mi alma; me guiará por sendas de justicia por amor de su nombre. Aunque ande en valle de sombra de muerte, no temeré mal alguno, porque tú estarás conmigo; tu vara y tu cayado me infundirán aliento.

—Salmos 23.1-4

Profundicen en la lectura: Lucas 1.37; Efesios 3.20-21

Yo soy tu Pastor

Un pastor cuida de sus ovejas. Cuando tienen hambre, él las lleva a donde hay comida. Cuando tienen sed, él encuentra agua. Cuando están lastimadas, él cuida de ellas. Cuando las atacan animales salvajes, él las protege. Cuando están rodeadas de la oscuridad de la noche, él las consuela.

Yo soy tu Pastor, y tú eres mi más preciada oveja. Yo estoy cuidando de ti, de manera que no tienes nada de qué temer, jamás. Tu trabajo es seguirme. Una oveja no dirige al pastor, así que tú tienes que darme el control de tu vida. Aunque en ocasiones esto pueda parecer atemorizante, e incluso peligroso, el lugar más seguro es junto a mí.

PARA CONVERSAR

Lean Salmos 23. ¿Cómo es que un pastor mantiene a salvo a sus ovejas? ¿Cómo es que el Señor es tu Pastor? ¿Por qué estar junto a Jesús es el lugar más seguro?

Tu amigo y tu Señor

Yo ESTOY CONTIGO y estoy a tu alrededor, rodeándote con rayos dorados de luz. Yo siempre te miro cara a cara. Ni uno solo de tus pensamientos se me escapa. Debido a que soy infinito, puedo amarte como si tú y yo fuéramos los únicos en el universo.

Camina conmigo en pasos íntimos de amor, pero no pierdas de vista mi majestad. Yo deseo ser tu amigo más cercano y, sin embargo, también soy tu Señor soberano. Yo creé tu cerebro con la capacidad de conocerme como Amigo y Señor simultáneamente. La mente humana es el pináculo de mi creación, pero muy pocos la utilizan conforme a su propósito principal: conocerme. Yo me comunico continuamente a través de mi Espíritu, mi Palabra y mi creación. Solamente los seres humanos son capaces de recibirme y responder a mi Presencia. ¡De verdad has sido *creado asombrosa y cuidadosamente*!

LEAN JUNTOS

Te alabaré; porque formidables, maravillosas son tus obras; estoy maravillado, y mi alma lo sabe muy bien.

—SALMOS 139.14

PROFUNDICEN EN LA LECTURA: SALMOS 34.4-6;
2 PEDRO 1.16-17; JUAN 17.3

Mi definición de asombroso

Yo te creé a *ti*, no solamente a los humanos en general. Cada detalle, cada rasgo tuyo, lo formé con amor y con cuidado. *¡Y tú eres asombroso!*

Este mundo te dirá que necesitas lucir de cierta manera, caminar de cierta manera y vivir de cierta manera para ser asombroso. Solo mira cualquier revista y te darás cuenta de la definición que el mundo tiene de maravilloso, gracias a la fotografía digital y a unas cuantas modificaciones aquí y allá en la computadora. Pero recuerda que este mundo está gobernado por el padre de mentira. Y una de las mayores mentiras es que solamente unas cuantas personas son de verdad especiales.

Todos mis hijos son asombrosos: cada uno en su manera única. Solo mira en el espejo y te darás cuenta de *mi* definición de asombroso.

PARA CONVERSAR

Tú fuiste hecho «de manera asombrosa», por un asombroso y maravilloso Dios. Piensa en tres cosas asombrosas acerca de cómo te hizo Dios. ¿Cómo puedes usar tu mente, tu cuerpo y tus talentos para mostrarle a los demás cuán asombroso y maravilloso es Dios?

COMIENZA CADA DÍA CONMIGO

BUSCA MI ROSTRO al principio de tu día. Esta práctica te permite «vestirte de mí» y «colocarme en ti» a lo largo del día. La mayoría se viste después de levantarse de la cama. De manera similar, mientras más rápidamente «te vistas de mí» al comunicarte conmigo, mejor preparado estarás para lo que venga en el camino.

«Vestirte de mí» es esencialmente tener mi mente: pensar mis pensamientos. Pídele al Espíritu Santo que controle tu pensamiento; que seas transformado por su renovación en tu interior. De esta manera estarás bien equipado para enfrentar lo que la gente y las situaciones te traigan. Vestir tu mente de mí es tu mejor preparación para cada día. Esta disciplina les trae gozo y paz a ti y a quienes te rodean.

LEAN JUNTOS

Sino vestíos del Señor Jesucristo, y no proveáis para los deseos de la carne.

—ROMANOS 13.14

PROFUNDICEN EN LA LECTURA: SALMOS 27.8;
1 CORINTIOS 2.16; COLOSENSES 3.12

Vístete de mí

Cada mañana te pones la ropa que necesitas para el día. Una chaqueta para los días fríos. Botas para la lluvia. Ropa de ejercicio para ejercitarte. Ponerte la ropa correcta te prepara para tu día.

La ropa se ocupa del exterior, pero ¿qué hay del interior? Tengo una sugerencia: vístete *de mí*. *Ponme* en ti. Esto te preparará para tu día.

¿Cómo? «Ponme en ti» al ponerme en primer lugar en la mañana. Y luego «vístete de mí» el resto del día, manteniéndome en tus pensamientos. Mantente en contacto, porque las cosas cambian. Tal como un cambio en el estado del tiempo puede requerir de un cambio de ropa, un cambio en tu mundo puede requerir de un cambio de mi parte. Quizá esta mañana necesitabas ánimo, pero ahora necesitas un poco de perdón.

Así que vístete de mí, es la mejor manera de comenzar tu día.

PARA CONVERSAR

Piensa en lo que la ropa hace por ti: te protege, te mantiene cómodo, e incluso puede ayudarte a hacer las cosas que necesitas hacer (tal como un traje espacial o un traje de buzo). ¿En qué sentido «llevar puesto» a Jesús te provee, te protege y te ayuda a hacer lo que necesitas hacer?

SIN PRISAS

YO TE ESTOY PREPARANDO para lo que está por delante, justo a la vuelta de la esquina. Tómate un tiempo para estar callado en mi Presencia, de modo que yo pueda fortalecerte. Mientras más te atarees, más necesitarás de este tiempo a solas conmigo. Mucha gente piensa que pasar tiempo conmigo es un lujo que no pueden permitirse. Como resultado, viven y trabajan en sus propias fuerzas, hasta que se agotan. Entonces claman a mí por ayuda o se apartan en amargura.

Cuánto mejor es caminar cerca de mí, dependiendo de mi fuerza y confiando en mí en cada situación. Si tú vives de esta manera *harás* menos, pero *lograrás* mucho más. Tu ritmo tranquilo de vida resaltará en esta era dementemente apresurada. Algunas personas pueden pensar que eres perezoso, pero muchas más serán bendecidas por tu tranquilidad. Camina en la luz conmigo, y me reflejarás al mundo que observa.

LEAN JUNTOS

Ni nunca oyeron, ni oídos percibieron, ni ojo ha visto a Dios fuera de ti, que hiciese por el que en él espera.

—ISAÍAS 64.4

PROFUNDICEN EN LA LECTURA: JUAN 15.5; SALMOS 36.9

Mientras esperas

Ocupado. Ocupado. Ocupado. Muchos de mis hijos están demasiado ocupados, creen que simplemente no tienen tiempo para estar conmigo, de manera que viven y trabajan en sus propias fuerzas. Y cuando eso se acaba, claman por mi ayuda o se apartan enfadados.

Pero es mucho mejor vivir cerca de mí siempre, dependiendo de mi fuerza y confiando en que yo te ayudaré. Si tú vives de esta manera, *harás* menos, pero en realidad llevarás a cabo las cosas importantes.

Cuando me dediques tiempo, tu manera tranquila de vivir resaltará en este mundo tan apresurado. Algunas personas pensarán que eres perezoso, pero muchas más serán bendecidas por tu tranquilidad.

Así que dedica tiempo para esperar conmigo, y yo *trabajaré por ti* mientras esperas.

PARA CONVERSAR

No parece lógico, pero en realidad llevan a cabo más cosas importantes cuando se detienen a pasar tiempo con Jesús. ¿Cómo sucede esto? Creen un plan para pasar más tiempo con Jesús, y luego anímense unos a otros para llevar a cabo sus planes. ¿En qué cambiará su vida si detienen sus actividades para pasar tiempo con Jesús?

Un corazón agradecido

Acércate a mí con un corazón agradecido para que puedas disfrutar mi Presencia. Este es el día que he hecho. Quiero que te goces *hoy*, rehusándote a preocuparte por mañana. Busca todo lo que he preparado para ti, esperando abundantes bendiciones y aceptando las dificultades cuando lleguen. Yo puedo entretejer milagros en el día más rutinario si te mantienes enfocado en mí.

Acércate a mí con todas tus necesidades, sabiendo que *mis gloriosas riquezas* son una provisión mucho más que adecuada. Mantente en comunicación continua conmigo, de manera que puedas vivir por encima de tus circunstancias aun estando en medio de ellas. *Preséntame tus peticiones con acción de gracias, y mi paz que sobrepasa todo entendimiento guardará tu corazón y tus pensamientos.*

LEAN JUNTOS

Por nada estéis afanosos, sino sean conocidas vuestras peticiones delante de Dios en toda oración y ruego, con acción de gracias. Y la paz de Dios, que sobrepasa todo entendimiento, guardará vuestros corazones y vuestros pensamientos en Cristo Jesús.

—Filipenses 4.6-7

Profundicen en la lectura: Salmos 118.24;
Filipenses 4.19

No más días aburridos

Acércate a mí con un corazón agradecido. Yo he hecho este día para ti, con el fin de que puedas disfrutar de mi Presencia. No te preocupes por mañana. Gózate hoy. Mira la infinidad de bendiciones y milagros que he colocado en este día. Si buscas mi Presencia en tu vida, la hallarás.

Acércate a mí con todas tus necesidades, pequeñas y grandes, sabiendo que yo cuido de ti. Cuando no estás preocupado acerca de lo que está sucediendo en tu vida, entonces eres libre para vivir de verdad. Yo quiero darte esa libertad. Entrégame tu corazón, y yo lo llenaré de paz y de gozo. ¡Y no habrá más días aburridos!

PARA CONVERSAR

¿Qué días son un regalo de Dios? ¿En qué puede ayudarte tener un corazón agradecido para disfrutar mejor ese regalo? ¿Qué preocupaciones deberías contarle a Jesús?

Una canción de amor para ti

Escucha la canción de amor que te canto continuamente. *Yo me deleito en ti en gran manera. Me regocijo con cánticos.* Las voces del mundo son una disonancia de caos que te lleva de un lado a otro. No escuches esas voces; enfréntalas con mi Palabra. Aprende a tomar minidescansos del mundo al buscar un lugar donde estar tranquilo en mi Presencia y escuchar mi voz.

Hay un inmenso tesoro escondido por encontrar al escucharme. Aunque yo siempre derramo mis bendiciones sobre ti, algunas de mis más ricas bendiciones debes buscarlas activamente. Me encanta revelarme a ti, y tu corazón hambriento se abre para recibir más de mi revelación. *Pide, y te será dado; busca, y encontrarás; llama, y se te abrirá la puerta.*

LEAN JUNTOS

Jehová está en medio de ti, poderoso, él salvará; se gozará sobre ti con alegría, callará de amor, se regocijará sobre ti con cánticos.
—Sofonías 3.17

Profundicen en la lectura: Mateo 17.5; Mateo 7.7

Escucha mi canción

¿Escuchas eso? Te estoy cantando una canción. Es una canción de amor. ¡Tú me provocas tanto gozo, que tengo que cantar!

No vas a escuchar mi canción como escuchas una canción en la radio. Pero escucha con tu corazón, y me escucharás a mí. Yo sé que hay ruido a tu alrededor. Las voces te jalan de un lado a otro. ¡No las escuches! Date un descanso de todo el ruido. Encuentra un lugar tranquilo para estar quieto en mi Presencia y escucha mi voz.

¿Escuchas esa hermosa canción de un ave? Te está diciendo que te amo. ¿Escuchas el susurro del viento a través de los árboles? Está cantando de mi gozo de que estés conmigo. Aun el golpeteo de la lluvia dice que me deleito en ti. Escucha mi canción, es diferente a cualquier otra música que escuches.

PARA CONVERSAR

¿Recuerdas cuando eras pequeño y alguien te cantaba a la hora de dormir? ¿Sabías que Dios canta por ti? Lee Sofonías 3.17. ¿Qué crees que Dios esté cantando por ti?

Apóyate en mí

Fortalécete en tu debilidad. Algunos de mis hijos han sido dotados de gran fuerza y vigor. Otros, como tú, han recibido el humilde regalo de la fragilidad. Tu fragilidad no es un castigo, tampoco indica falta de fe. Al contrario, los débiles como tú deben vivir por fe, dependiendo de mí para avanzar en el día. Yo estoy desarrollando tu habilidad de confiar en mí, de *confiar en mí en lugar de en tu propio entendimiento*. Naturalmente prefieres planear tu día, sabiendo qué sucederá. Yo prefiero que tú dependas continuamente de mí, confiando en que yo te guíe y te fortalezca cuando lo necesites. Es así como me fortalezco en tu debilidad.

LEAN JUNTOS

¿No has sabido, no has oído que el Dios eterno es Jehová, el cual creó los confines de la tierra? No desfallece ni se fatiga con cansancio, y su entendimiento no hay quien lo alcance. Él da esfuerzo al cansado, y multiplica las fuerzas al que no tiene ningunas. Los muchachos se fatigan y se cansan, los jóvenes flaquean y caen; pero los que esperan a Jehová tendrán nuevas fuerzas; levantarán alas como las águilas; correrán, y no se cansarán; caminarán, y no se fatigarán.

—Isaías 40.28-31

Profundicen en la lectura:
Santiago 4.13-15; Proverbios 3.5, ntv

¿Ya escuchaste?

¿Ya escuchaste? Yo utilizo tus debilidades para hacerte más fuerte.

Eso suena extraño, ¿no? El mundo dice que los fuertes son quienes no tienen debilidades; los fuertes son las personas que lo hacen todo por sí mismas, quienes confían en su propia fuerza e inteligencia. Pero yo te digo que llegará un momento en que a esas personas se les agotará la fuerza y su propia sabiduría les fallará.

Mi camino es diferente. Yo uso tus problemas inesperados para llevarte a buscar mi dirección. Tus debilidades no son un castigo. En cambio, las luchas son un regalo que te ayuda a aprender a depender de mí. Yo quiero que confíes en mí y que te apoyes en mí, en lugar de confiar en tu propio entendimiento.

Cuando te apoyas en mí eres fuerte, porque mi fuerza nunca se acaba y mi sabiduría nunca falla.

PARA CONVERSAR

¿En ocasiones te sientes cansado? ¿Conoces a alguien que sea más fuerte que tú? ¡Desde luego que sí! Dios. ¿Cómo puede cuidar de ti tu fuerte Dios?

Bendiciones diarias

Cuando yo no te dé una dirección especial, quédate donde estás. Concéntrate en hacer tus tareas diarias, consciente de mi Presencia en ti. El gozo de mi Presencia resplandecerá en ti cuando hagas todo para mí. De esta forma me invitas a cada aspecto de tu vida. Al colaborar conmigo en todas las cosas permites que mi vida se funda con la tuya. Este es el secreto, no solamente de una vida llena de gozo, sino de una vida victoriosa. Yo te diseñé para depender de mí a cada momento, reconociendo que *separado de mí nada puedes hacer.*

Agradece los días tranquilos, cuando parezca que no sucede nada especial. En lugar de aburrirte por la falta de acción, utiliza los tiempos de rutina para buscar mi rostro. Aunque esta sea una transacción invisible, habla fuertemente en los planos espirituales. Además, eres ricamente bendecido cuando caminas conmigo confiado en las rutinas de tu día.

LEAN JUNTOS

Yo soy la vid, vosotros los pámpanos; el que permanece en mí, y yo en él, éste lleva mucho fruto; porque separados de mí nada podéis hacer.

—Juan 15.5

Profundicen en la lectura: Colosenses 3.23; Salmos 105.4

Los días ordinarios

Algunos días están llenos de acción, aventura y desafíos. Otros días son... bueno, ordinarios. Pero no te entregues al aburrimiento. Escoge estar agradecido por los días tranquilos, y úsalos para pasar tiempo extra conmigo.

Invítame en tus tareas diarias. Haz todo como si estuvieras haciéndolo para mí... sí, incluso hacer la cama, terminar tus deberes y todas las demás cosas ordinarias de la vida. Y en todo ello, disfruta simplemente estar en mi compañía.

Cuando recorres las actividades de tu día conmigo, mi vida se entreteje en la tuya. Esto significa que tú y yo estamos tan cercanamente conectados que mi propia vida fluye en ti, y a través de ti hacia el mundo que te rodea. Y ese es el verdadero secreto de tener una vida llena de gozo, incluso en los días ordinarios.

PARA CONVERSAR

¿Puedes pensar en un día realmente feliz? ¿Sabías que puedes tener gozo todos los días? ¿A quién invitas a estar contigo todos los días? ¡Así es, a Jesús!

Deja de luchar

Relájate en mi santa Presencia sanadora. *Estate quieto* mientras transformo tu corazón y tu mente. *Suelta* las preocupaciones y el desasosiego, de manera que puedas recibir mi paz. *Deja de luchar, y conoce que yo soy Dios.*

No seas como los fariseos que multiplicaron las reglas, creando su propia forma de «santidad». Ellos se enredaron tanto en sus propias reglas que me perdieron de vista. Incluso ahora, las reglas hechas por el hombre acerca de cómo vivir la vida cristiana esclavizan a mi pueblo. Su enfoque está en el desempeño en lugar de estar en mí.

Al conocerme íntimamente te vuelves como yo. Esto requiere pasar tiempo a solas conmigo. *Suelta, relájate, quédate quieto y conoce que yo soy Dios.*

LEAN JUNTOS

Amados, ahora somos hijos de Dios, y aún no se ha manifestado lo que hemos de ser; pero sabemos que cuando él se manifieste, seremos semejantes a él, porque le veremos tal como él es.

—1 Juan 3.2

Profundicen en la lectura:
Salmos 46.10; Mateo 23.13

Tú eres mi hijo

Yo soy Dios, y tú eres mi hijo. Y como muchos padres de la tierra, yo deseo que crezcas y seas como yo. Para ser más como yo necesitas pasar tiempo conmigo. Relájate en mi Presencia, mientras yo trabajo en tu corazón y en tu mente. Suelta las preocupaciones y la ansiedad para que puedas recibir mi paz. *Quédate quieto y conoce que yo soy Dios.*

No te preocupes por lo que los demás piensen. No te preocupes acerca de lo que sea «genial» o de lo que esté «de moda». Y no seas como los fariseos de la Biblia. Ellos se engancharon tanto en sus propias reglas que me perdieron de vista.

Mantén tus ojos puestos en mí, y recuerda cuánto te amo. Esto te ayuda a amarme a mí, y también a amar a los demás con *mi* amor.

PARA CONVERSAR

¿Quién forma parte de tu familia? ¿Tus padres quieren que crezcas y seas como tu mejor amigo? ¿Como tu hermano o tu hermana? ¿Como tu perro? ¡No! Ellos quieren que crezcas y seas cada vez más como Jesús. ¿Cómo lo puedes lograr?

¿Reveses u oportunidades?

Cada vez que algo frustra tus planes o tus deseos, utilízalo como un recordatorio para comunicarte conmigo. Esta práctica tiene varios beneficios. El primero es obvio: hablar conmigo te bendice y fortalece nuestra relación. Otro beneficio es que esas decepciones, en lugar de derrumbarte, son transformadas en oportunidades para bien. Esta transformación quita el escozor de las circunstancias difíciles, haciendo posible que estés gozoso en medio de la adversidad.

Comienza a practicar esta disciplina en cada pequeña decepción de la vida diaria. A menudo son los pequeños reveses los que te alejan de mi Presencia. Cuando reestructuras los *reveses* en *oportunidades*, te das cuenta de que ganas mucho más de lo que has perdido. Solamente después de tanto entrenamiento puedes aceptar las grandes pérdidas de esta manera positiva. Pero es posible obtener la perspectiva del apóstol Pablo, quien escribió: *Comparado a la enorme grandeza de conocer a Jesucristo, tengo todo lo que alguna vez atesoré como insignificante basura.*

LEAN JUNTOS

Pero cuantas cosas eran para mí ganancia, las he estimado como pérdida por amor de Cristo. Y ciertamente, aun estimo todas las cosas como pérdida por la excelencia del conocimiento de Cristo Jesús, mi Señor, por amor del cual lo he perdido todo, y lo tengo por basura, para ganar a Cristo.

—Filipenses 3.7-8

PROFUNDICEN EN LA LECTURA: PROVERBIOS 19.21;
COLOSENSES 4.2

Tómalo como basura

Cuando tus planes se arruinen, habla conmigo al respecto. Hablar conmigo te bendice y fortalece nuestra amistad. Además, yo quito la picadura de la decepción al hacer que salga algo bueno de ello. Puedes estar gozoso aun cuando las cosas estén yendo mal. Pero esto requiere práctica.

Comienza trayéndome las cosas pequeñas: la mala calificación, el juego cancelado por la lluvia. Aun las pequeñas decepciones pueden hacer que enfoques tus pensamientos en ti mismo, en lugar de enfocarlos en mí. Pero cuando hablas conmigo ves que las cosas que has perdido no son nada, comparadas con las maravillas de conocerme.

Necesitas mucha práctica antes de poder confiarme las grandes desilusiones. Pero continúa presionando; un día, incluso las cosas más grandes de este mundo parecerán basura, comparadas con el gozo de conocerme a mí, tu Salvador, tu Señor y tu Amigo.

PARA CONVERSAR

¿Alguna vez te sentiste desilusionado porque alguien no compartió contigo? ¿Alguna vez te sentiste decepcionado de no haber ganado un partido? ¿Cómo puedes tener gozo aun cuando enfrentas una desilusión?

DEJA DE COMPARARTE

DEJA DE JUZGARTE Y EVALUARTE, porque este no es tu deber. Sobre todo, deja de compararte con otras personas. Esto produce sentimientos de orgullo o inferioridad, y a veces una mezcla de ambos. Yo dirijo a cada uno de mis hijos por un camino que está únicamente hecho para cada uno. Compararse no solamente está mal, sino carece de sentido.

No busques afirmación en los lugares equivocados: en tus propias evaluaciones o en las de los demás. La única fuente de afirmación es mi amor incondicional. Muchos creyentes me perciben como un juez imposible de agradar, quien busca furiosamente tus fallas y fracasos. ¡Nada podría alejarse más de la verdad! Yo morí por tus pecados, de manera que pudiera *vestirte con mis vestiduras de salvación*. Es así como te veo: *radiante en mi vestido de justicia*. Cuando te disciplino, nunca es en ira ni con disgusto; es para prepararte para estar cara a cara conmigo durante la eternidad. Sumérgete en mi dulce Presencia. Sé receptivo a mi afirmación, la cual fluye continuamente desde el trono de gracia.

LEAN JUNTOS

En gran manera me gozaré en Jehová, mi alma se alegrará en mi Dios; porque me vistió con vestiduras de salvación, me rodeó de manto de justicia, como a novio me atavió, y como a novia adornada con sus joyas.

—ISAÍAS 61.10

PROFUNDICEN EN LA LECTURA: LUCAS 6.37;
PROVERBIOS 3.11-12

Una joya en mi corona

Deja de compararte con otras personas. Cuando te comparas con los demás, terminas sintiendo que eres mejor que ellos, o sintiéndote mal contigo mismo. Yo no quiero nada de eso para ti.

Yo creé a cada uno de mis hijos con talentos únicos. Y le he dado a cada uno un camino propio para andar. De forma que es inútil que te compares con alguien más; esa persona tiene un camino completamente distinto para andar.

Cuando quieras sentirte bien contigo mismo, recuerda cuánto te amo. Recuerda que te hice tal como quería que fueras. Y recuerda que morí por ti para que pudieras tener mi salvación. Tú eres una joya en mi corona.

PARA CONVERSAR

¿Te comparas con los demás? ¿Cómo terminas sintiéndote? ¿Cómo se siente saber que Dios te creó para ser *tú*, y que Él tiene un plan único para tu vida?

Todo lo que tengo para ti

Acércate a mí con un corazón agradecido, consciente de que tu copa rebosa de bendiciones. La gratitud te permite percibirme más claramente y gozarte en nuestra relación de amor. *¡Nada puede separarte de mi dulce Presencia!* Esa es la base de tu seguridad. Cuando comiences a sentirte nervioso, recuérdate que tu seguridad yace solamente en mí, y que yo soy completamente confiable.

Tú nunca tendrás control de las circunstancias de tu vida, pero puedes relajarte y confiar en mi control. En lugar de luchar por un estilo de vida predecible y seguro, busca conocerme con mayor profundidad y amplitud. Yo quiero hacer de tu vida una gloriosa aventura, pero tú debes dejar de asirte de las antiguas formas. Yo siempre estoy haciendo algo nuevo en el interior de mis amados. Busca constantemente todo lo que he preparado para ti.

LEAN JUNTOS

He aquí que yo hago cosa nueva; pronto saldrá a luz; ¿no la conoceréis? Otra vez abriré camino en el desierto, y ríos en la soledad.

—Isaías 43.19

Profundicen en la lectura:
Romanos 8.38-39; Salmos 56.3-4

Lánzate de lleno

Tú nunca tendrás el control completo de tu vida. Simplemente no es posible. Yo quiero que te sientas completamente a salvo y seguro. Pero aunque tú planees cada detalle, el mundo arruinará tus planes.

Así que deja de intentar tener el control. Deja de intentar hacer que tu vida sea completamente segura y predecible... ¡y aburrida! En cambio, tómame de la mano y lánzate de lleno. Yo soy el que te ama completamente y quiere solamente lo mejor para ti. Yo deseo que tu vida sea una asombrosa aventura llena de cosas nuevas. Pero primero debes soltar las viejas formas de hacer las cosas. ¡Luego, tómame de la mano y busca las emocionantes cosas *nuevas* que he preparado para ti!

PARA CONVERSAR

¿Estás listo para ir en una aventura con Jesús? ¿Sabías que su gran aventura para ti es seguirlo a donde Él te dirija? ¿Hay algo que necesites soltar para poder tomar la mano de Jesús y pasar toda la vida en una grandiosa aventura?

Yo te comprendo

Nunca des por sentada mi íntima cercanía. Maravíllate del asombro de mi Presencia continua en ti. Aun el amante humano más ardiente no puede estar siempre contigo. Tampoco otra persona puede conocer las intimidades de tu corazón, de tu mente y de tu espíritu. *Yo sé todo de ti, hasta el número de los cabellos de tu cabeza.* Tú no necesitas hacer un esfuerzo para revelarte a mí.

Muchas personas pasan la vida o gastan una gran fortuna buscando a alguien que los comprenda. No obstante, yo estoy disponible gratuitamente para todo aquel que clame mi nombre, quien abra su corazón para recibirme como Salvador. Este sencillo acto de fe es el comienzo de una historia de amor permanente. Yo, el amante de tu alma, te comprendo perfectamente y te amo eternamente.

LEAN JUNTOS

Pues aun los cabellos de vuestra cabeza están todos contados. No temáis, pues; más valéis vosotros que muchos pajarillos.

—Lucas 12.7

Profundicen en la lectura: Salmos 145.18;
Juan 1.12; Romanos 10.13

Cada cabello de tu cabeza

Nunca olvides que yo te conozco mejor de lo que tú te conoces, y mucho mejor de lo que cualquiera te conoce. Tus padres, tu mejor amigo, tu hermano o tu hermana no pueden estar contigo todo el tiempo, pero yo sí. Y yo conozco cada uno de tus pensamientos en cada momento, cada sentimiento, cada esperanza y cada sueño. Yo conozco cada detalle de ti, hasta cuántos cabellos hay en tu cabeza.

No solamente te conozco, sino también te comprendo. Yo conozco todos los porqué y los cómo que tú ni siquiera puedes explicar con palabras. Yo comprendo lo que está dentro de tu corazón.

Muchas personas pasan toda su vida buscando a alguien que de verdad pueda entenderlas. Pero todo lo que tú tienes que hacer es clamar a mi nombre y abrirme tu corazón. Ese sencillo acto de fe es todo lo que se requiere. Yo puedo comprenderte perfectamente, y te amo para siempre.

PARA CONVERSAR

Jesús te conoce por completo: cada acción, cada pensamiento, cada sentimiento, cada detalle. ¿Cómo te hace sentir eso? ¿Cómo se siente que Jesús también te comprenda completamente? ¿Cuánto tiempo te amará Jesús?

Tus pensamientos de ansiedad

Solamente adórame. Aquello que más ocupa tu mente se convierte en tu dios. Las preocupaciones, si te entregas a ellas, se convierten en ídolos. La ansiedad cobra vida propia e infesta tu mente como parásitos. Libérate de su esclavitud al afirmar en mí tu confianza y al refrescarte en mi Presencia. Lo que pasa por tu mente es invisible, indetectable para los demás. Pero yo leo tus pensamientos continuamente, buscando evidencia de tu confianza en mí. Yo me gozo cuando tu mente se vuelve a mí. Guarda tus pensamientos diligentemente; elegir buenos pensamientos te mantendrá cerca de mí.

LEAN JUNTOS

No tendrá temor de malas noticias; su corazón está firme, confiado en Jehová.

—Salmos 112.7

PROFUNDICEN EN LA LECTURA:
1 Corintios 13.11; Salmos 139.23-24

No adores tus preocupaciones

¿Adorar las preocupaciones? Eso suena loco, ¿no? Pero aquello en lo que más piensas se convierte en tu dios, tu ídolo, aquello que adoras. Cuando tus preocupaciones cobran vida propia y ocupan tus pensamientos, estás adorando tus pensamientos.

Yo quiero liberarte de tus preocupaciones. ¿Cómo? Al confiar en mí. Al pensar en mí. Al adorarme. Nadie más conoce lo que sucede en tu mente, ni tus amigos, ni tus maestros, ni siquiera tus padres. Pero *yo* conozco cada pensamiento, por lo tanto, cuida lo que decides pensar. Yo estoy examinando tus pensamientos constantemente para encontrar una señal de confianza en mí. ¡Yo me gozo cuando me doy cuenta de que tus pensamientos se tratan acerca de mí! Decide pensar cada vez más en mí, esto te mantendrá cerca de mí.

PARA CONVERSAR

¿A veces parece que las preocupaciones llenan tus pensamientos? ¿Cómo sería diferente si pensaras en Jesús en lugar de tus preocupaciones? ¿Cómo es que pensar en Jesús, en lugar de preocuparte por tus problemas, te ayuda a confiar en Él?

Yo nunca cambio

En un mundo de constantes cambios, yo soy el que nunca cambia. *Yo soy el Alfa y la Omega, el primero y el último, el principio y el final.* Encuentra en mí la estabilidad que has anhelado.

Yo creé un mundo hermosamente ordenado: un mundo que refleja mi perfección. Sin embargo, ahora el mundo está bajo la esclavitud del pecado y del mal. Cada persona sobre la faz de la tierra enfrenta las enormes fauces de la incertidumbre. El único antídoto a esta venenosa amenaza es acercarse a mí. En mi Presencia puedes enfrentar la incertidumbre con perfecta paz.

LEAN JUNTOS

Yo soy el Alfa y la Omega, el principio y el fin, el primero y el último.

—Apocalipsis 22.13

Profundicen en la lectura:
Romanos 5.12; Juan 16.33, ntv

Exactamente igual

En un mundo donde todo cambia —el clima, tus amigos, y a veces incluso tu familia—, yo soy el que nunca cambia. Yo soy exactamente igual a como era en el principio del mundo, y seré exactamente igual al final. Siempre puedes contar conmigo.

Yo creé un mundo hermoso y perfecto para ti. Pero el pecado entró en el mundo, y desde entonces, el mundo está cambiando constantemente. Nada permanece igual, y nada está asegurado... en este mundo. Por lo tanto, permanece cerca de mí. En mi Presencia, que nunca cambia y siempre ama, puedes enfrentar los cambios de este mundo con paz, mi paz.

PARA CONVERSAR

¿Qué cosas cambian? Jesús nunca cambia. ¿En qué difiere esto del mundo? ¿Por qué es tan importante?

APARTADO

DEDICA TIEMPO PARA SER SANTO. La palabra *santo* no significa ser *bueno, buenísimo;* significa *ser apartado para fines santos.* Eso es lo que pasar tiempos tranquilos en mi Presencia está haciendo en tu interior. A medida que enfoques en mí tu corazón y tu mente, estarás siendo transformado: vuelto a ser creado en quien yo te diseñé para que fueras. Este proceso requiere períodos de tiempo apartados para tener comunión conmigo.

Los beneficios de esta práctica son ilimitados. La sanidad emocional y física se aumentan al sumergirte en la luz de mi Presencia. Tú experimentas una cercanía conmigo que fortalece tu fe y te llena de paz. Te abres para recibir las múltiples bendiciones que he preparado para ti. Te conviertes en un *templo limpio de mi Espíritu Santo,* quien es capaz de hacer en ti y a través de ti *mucho más de lo que pides o imaginas.* Estos son solo algunos de los beneficios de estar quieto en mi Presencia.

LEAN JUNTOS

¿O ignoráis que vuestro cuerpo es templo del Espíritu Santo, el cual está en vosotros, el cual tenéis de Dios, y que no sois vuestros?
—1 CORINTIOS 6.19

PROFUNDICEN EN LA LECTURA: 2 TESALONICENSES 1.10; SALMOS 27.4; EFESIOS 3.20

Es tiempo de ser santo

Dedica tiempo para ser santo. ¿Pero cómo? *Santo* no significa ser muy *bueno*, *buenísimo*, o pensar que eres mejor que los demás. Ser santo simplemente significa apartarte para un uso sagrado: para *mi* uso.

Pasa momentos de silencio conmigo. Déjame trabajar en tu corazón y en tu mente. Yo te estoy volviendo a crear en la persona que diseñé para que fueras.

Asegúrate de apartar suficiente tiempo solo para estar conmigo. Estar cerca de mí fortalecerá tu fe y te llenará de paz. Además, te preparará para las múltiples bendiciones que yo quiero darte.

Cuando dedicas tiempo para ser santo, tu corazón se vuelve un templo limpio de mi Espíritu Santo. Él es capaz de hacer más en ti y a través de ti de lo que puedes pedir o imaginar. Así que dedícame tiempo. No te arrepentirás.

PARA CONVERSAR

¿Qué significa «ser santo»? ¿Saber que tu cuerpo es templo del Espíritu Santo cambia la manera en que piensas de ti mismo? ¿Qué cosas puede hacer Jesús a través de ti cuando dedicas tiempo para ser santo?

La luz y los problemas momentáneos

Intenta ver las cosas cada vez más desde mi perspectiva. Deja que la luz de mi Presencia llene tanto tu mente, que veas el mundo a través de mí. Cuando las cosas pequeñas no resulten como habías esperado, búscame tranquilamente y di: «Ah, vaya». Esta sencilla disciplina te protegerá de cargarte con un cúmulo de insignificantes preocupaciones y frustraciones. Si lo practicas diligentemente, harás un descubrimiento que te cambiará la vida: te darás cuenta de que la mayoría de las cosas por las que te preocupas no son importantes. Si las ignoras inmediatamente y te vuelves a enfocar en mí, caminarás por los días con pasos más ligeros y un corazón gozoso.

Cuando los verdaderos problemas se te acerquen tendrás más reservas para lidiar con ellos. No habrás gastado tu energía en los insignificantes problemas. Quizá alcances un punto en que puedas estar de acuerdo con el apóstol Pablo en que todos tus problemas son *ligeros y momentáneos* comparados con *la gloria eterna* que se está llevando a cabo a través de ellos.

LEAN JUNTOS

De Jehová son los pasos del hombre; ¿cómo, pues, entenderá el hombre su camino?

—Proverbios 20.24

Profundicen en la lectura: Salmos 36.9;
2 Corintios 4.17-18

Sacúdetelo

Yo tengo un plan perfecto para tu vida. Confía en mí e intenta ver las cosas desde mi perspectiva. Cuando las cosas no marchan como esperabas, sacúdetelas. Mírame a mí, ignóralas, y di con una sonrisa: «Ah, vaya». Y luego déjalas ir, avanza.

Este sencillo acto de confianza evitará que te sobrecargues con las pequeñas frustraciones. Con suficiente práctica descubrirás que la mayoría de las cosas por las que te preocupas no son tan importantes. Tu energía y tu tiempo no se desperdiciarán en las cosas que en realidad no importan, y tú tendrás fuerza para lidiar con los grandes problemas cuando te cruces con ellos.

¿Ves eso que te está molestando ahora mismo? Sacúdelo, y avancemos juntos.

PARA CONVERSAR

¿Qué haces normalmente cuando las cosas no resultan como habías planeado? ¿Eres capaz de «sacudírtelas»? ¿Saber que Jesús tiene un plan perfecto para tu vida te ayuda a no perder el tiempo preocupándote por las cosas pequeñas?

MANTENTE EN CONTACTO

YO TE ESTOY LLAMANDO a una vida de constante comunión conmigo. La capacitación básica incluye aprender a vivir por encima de tus circunstancias, aun mientras interactúas con ese desordenado tren de vida. Anhelas un estilo de vida simplificado para que tu comunicación conmigo sea ininterrumpida. Pero yo te desafío a renunciar a la fantasía de un mundo sin embrollos. Acepta cada día como es, y encuéntrame en medio de todo ello.

Habla conmigo acerca de cada aspecto de tu día, incluso de tus sentimientos. Recuerda que tu objetivo supremo no es controlar ni arreglar todo lo que te rodea, sino mantenerte en comunicación conmigo. Un día exitoso es aquel en que has permanecido en contacto conmigo, aunque las cosas permanezcan incompletas al final del día. No permitas que tu lista de quehaceres (escrita o mental) se vuelva un ídolo que dirija tu vida. En cambio, pídele a mi Espíritu que te guíe momento a momento. Él te mantendrá cerca de mí.

LEAN JUNTOS

Orad sin cesar.

—1 TESALONICENSES 5.17

PROFUNDICEN EN LA LECTURA:
PROVERBIOS 3.6; GÁLATAS 5.25

Sí, todo

Estoy esperando escuchar de ti. Cuéntame cada detalle de tu día. Yo quiero saber lo que sucedió en casa y en la escuela, y cómo te sientes al respecto. Lo grande, lo pequeño, incluso las cosas locas que no comprendes. Yo quiero ser ese mejor amigo con el que ansíes hablar.

Recuerda: yo no espero que hagas todo a la perfección. Lo que sí espero es que vengas a mí en oración por todo, *sí, todo*, todo lo que sucede en tu vida. Lo bueno, lo malo, lo que nunca dirías a nadie.

Un gran día no es solo aquel en el que todo transcurre a tu manera. Un día verdaderamente grandioso es aquel en el que te mantienes en contacto conmigo. Habla conmigo, y mi Espíritu te guiará a cada minuto, en cada paso del camino.

PARA CONVERSAR

¿Con qué frecuencia hablas con tus padres o con tus amigos? ¿Les cuentas los detalles de tu día? ¿Acerca de qué quiere Jesús que le hables? ¿Hay algo que no debas decirle a Jesús?

En las palmas de mis manos

Nada puede separarte de mi amor. Que esta certeza divina se filtre por tu mente, y en tu corazón y tu alma. Cuando comiences a sentirte temeroso o nervioso, repite esta promesa incondicional: «Nada puede separarme de tu amor, Jesús».

La mayor parte de la miseria de la humanidad proviene de no sentirse amados. En medio de las circunstancias adversas, la gente tiende a sentir que el amor le ha sido quitado o que ha sido abandonada. Este sentimiento de abandono a menudo es peor que la adversidad misma. Ten la seguridad de que yo nunca abandono a ninguno de mis hijos, ni siquiera temporalmente. ¡Yo nunca te dejaré ni te abandonaré! Mi Presencia te cuida constantemente. *Te tengo esculpido en las palmas de mis manos.*

LEAN JUNTOS

Nadie te podrá hacer frente en todos los días de tu vida; como estuve con Moisés, estaré contigo; no te dejaré, ni te desampararé.

—Josué 1.5

Profundicen en la lectura: Romanos 8.38-39; Isaías 49.15-16

Yo nunca te dejaré

Nada puede separarte de mi amor. *Nada*. Ni los bravucones, ni los tiempos difíciles, ni Satanás mismo. Yo nunca te dejaré.

La mayor parte de la miseria de este mundo viene de la soledad y de la falta de amor. Especialmente cuando los tiempos son difíciles, la gente a menudo siente que la he dejado sola. Y ese sentimiento puede ser todavía peor que los problemas que están enfrentando. Pero sabe esto: yo nunca te dejo... ni un minuto. Estoy cuidándote constantemente. Si te sientes solo o atemorizado, pídeme que te consuele con mi Presencia. Luego repítete estas promesas: «Nada puede separarme de tu amor, Jesús. Tú nunca me dejarás».

PARA CONVERSAR

Piensa en esas dos promesas: nada puede separarte del amor de Jesús, y Jesús nunca te dejará. ¿Qué te muestran estas promesas de lo que Jesús siente por ti? ¿Cómo pueden ayudarte estas promesas en los tiempos difíciles?

Un tiempo para todo

Deja de intentar hacer funcionar las cosas antes de que llegue su tiempo. Acepta las limitaciones de vivir un día a la vez. Cuando algo llame tu atención, pregúntame si es o no parte del programa de hoy. Si no lo es, déjamelo y sigue con las tareas de hoy. Cuando sigas esta práctica, tu vida tendrá una hermosa simplicidad: *un tiempo para todo, y todo en su tiempo*.

Una vida cercana a mí no es complicada ni está atestada. Cuando te enfocas en mi Presencia, muchas de las cosas que alguna vez te molestaron pierden su poder sobre ti. Aunque el mundo a tu alrededor sea alborotado y confuso, recuerda que *yo he vencido al mundo. Te he dicho estas cosas para que tengas paz.*

LEAN JUNTOS

Todo tiene su tiempo, y todo lo que se quiere debajo del cielo tiene su hora.

—Eclesiastés 3.1

Profundicen en la lectura:
Eclesiastés 8.6-7; Juan 16.33

Todo en su tiempo correcto

Deja de intentar hacer funcionar las cosas antes de que llegue su tiempo. No puedes hacer el examen de matemáticas del viernes, el jueves. No puedes celebrar tu cumpleaños de agosto en junio. Y no puedes hacer que mi voluntad suceda antes del tiempo correcto.

Acepta que tienes que vivir un día a la vez. Cuando algo surja en tu mente, toma un momento para preguntarme si es parte de mi plan para ti hoy... o si no lo es. Si no lo es, confía en que yo me ocuparé de ello. Luego olvídalo y concéntrate en lo que necesitas hacer *hoy*.

Tu vida será mucho menos complicada y confusa. Hay un tiempo para todo, y yo te ayudaré a hacer todo lo que quieres hacer en su propio tiempo.

PARA CONVERSAR

¿Desearías que hoy fuera tu cumpleaños? ¿Puedes hacer que eso suceda? Aunque sabes que el tiempo de Jesús es perfecto, no puedes cambiar las cosas, y puede resultar difícil esperar. ¿Qué puedes hacer cuando te sientas impaciente?

Mi bondad

Gusta y ve que yo soy bueno. Esta orden contiene en sí una invitación para experimentar mi Presencia viva. Además, contiene una promesa: mientras más me experimentes, más te convencerás de mi bondad. Este conocimiento es esencial para tu caminar de fe. Cuando golpean las adversidades, el instinto humano es dudar de mi bondad. Mis caminos son misteriosos, incluso para quienes me conocen íntimamente. *Como los cielos son más altos que la tierra, así son mis caminos y mis pensamientos, más altos que tus caminos y tus pensamientos*. No intentes averiguar mis caminos. En cambio, dedica tiempo para disfrutarme y experimentar mi bondad.

LEAN JUNTOS

Gustad, y ved que es bueno Jehová; dichoso el hombre que confía en él.

—Salmos 34.8

PROFUNDICEN EN LA LECTURA:
Isaías 55.8-9; Salmos 100.5

Yo soy bueno

Yo *soy* bueno. Camina conmigo hoy y compruébalo por ti mismo. Mientras más tiempo pases conmigo, más verás cuán bueno soy. Y prometo hacer solamente lo que es bueno para ti.

Cuando vienen los tiempos difíciles, mucha gente comienza a dudar de mi bondad. Pero los problemas son solo parte de vivir en este mundo imperfecto. Y yo puedo usar los problemas para hacer crecer tu fe.

Yo sé que eso no siempre te parece lógico. No siempre entiendes el «porqué» de las cosas. Yo soy Dios, y mis pensamientos y mis caminos son increíblemente más grandes y más intrincados que los tuyos. Cuando no comprendas, solamente *confía* en que yo soy bueno y que *siempre* obro para bien en tu vida.

PARA CONVERSAR

¿Qué significa decir que Dios es bueno? ¿Cuándo es más fácil ver la bondad de Dios? ¿Cuándo resulta más difícil? ¿Cómo ves la bondad de Dios aun en los tiempos más difíciles?

Un paso a la vez

Camina tranquilamente conmigo a través de este día. Te estás preguntando cómo lidiarás con todo lo que se espera de ti. Debes recorrer este día como cualquier otro: un paso a la vez. En lugar de ensayar mentalmente cómo harás esto o aquello, mantén tu mente en mi Presencia y en dar el siguiente paso. Mientras más demandante sea tu día, más ayuda esperarás de mí. Esta es una oportunidad para entrenarte, ya que yo te diseñé para depender profundamente de tu Rey Pastor. Los tiempos difíciles te despertarán y te harán más consciente de tu necesidad de mi ayuda.

Cuando no sepas qué hacer, espera mientras te abro el camino. Confía en que yo sé lo que estoy haciendo, y prepárate para seguir mi dirección. *Yo te fortaleceré, y te bendeciré con paz.*

LEAN JUNTOS

Jehová dará poder a su pueblo; Jehová bendecirá a su pueblo con paz.

—Salmos 29.11

Profundicen en la lectura: Éxodo 33.14;
Deuteronomio 33.25; Hebreos 13.20-21

Los desafíos en realidad son oportunidades

Camina tranquilamente conmigo este día. Te estás preguntando cómo podrás manejar todas las cosas que necesitas hacer. Pero en realidad solamente hay una manera de recorrer este día, o cualquier día: un paso a la vez.

Te veo ensayando cómo harás esto o aquello, como si estuvieras preparándote para una obra de teatro. No pierdas tiempo ensayando; en lugar de eso, ven a mí. Pídeme que te guíe, y lo haré.

Una de las mejores cosas de caminar conmigo es que mientras más difícil sea tu día, más puedes ver mi poder. Mientras más difíciles se pongan las cosas, más te ayudo. Ve tus problemas como oportunidades, oportunidades para depender de mí más de lo normal.

Cuando no sepas qué hacer, espera en mí. Puedes estar seguro de que *yo* sé lo que estoy haciendo. Así que prepárate para seguir mi dirección. A medida que avanzamos en este día juntos, yo te daré fuerza y te bendeciré con mi paz.

PARA CONVERSAR

Cuando te sientes agobiado por las cosas que tienes que hacer, ¿te metes de lleno de cualquier manera, o le pides a Jesús que te muestre lo que realmente necesita llevarse a cabo? ¿Cómo crees que hablar con Jesús pueda llevarse esa sensación de «agobio»?

Me necesitas

Tú me necesitas a cada momento. Estar constantemente consciente de que me necesitas es tu mayor fuerza. Tu necesidad, de utilizarla correctamente, es un vínculo con mi Presencia. Sin embargo, existen obstáculos de los que debes protegerte: la autocompasión, la autopreocupación, la renuncia. Tu incompetencia te ofrece una decisión continua: depender profundamente de mí o desesperarte. El vacío que sientes en el interior será llenado, ya sea de problemas, o de mi Presencia. Hazme el pensamiento central de tu consciencia al *orar continuamente:* oraciones sencillas y breves que fluyan del momento presente. Utiliza mi nombre con liberalidad para recordarte de mi Presencia. *Continúa pidiendo, y recibirás, de modo que tu gozo sea pleno y completo.*

LEAN JUNTOS

No lo han hecho antes. Pidan en mi nombre y recibirán y tendrán alegría en abundancia.

—Juan 16.24, ntv

Profundicen en la lectura: Salmos 86.7;
1 Tesalonicenses 5.17

El lugar vacío

Yo te creé con una necesidad. Es un lugar vacío en tu interior. Puedes intentar llenar ese lugar vacío de cosas o de amigos, o incluso de pecado. Esto incluso puede funcionar por un corto período. Pero tarde o temprano, esas cosas te fallarán y te quedarás sintiéndote más vacío que antes. Yo soy el único que puede llenar ese lugar vacío.

Tú me necesitas a cada segundo de cada día. Y puedes conectarte conmigo cada segundo de cada día. Ora todo el tiempo. No tiene que ser una oración larga, ni una oración llena de palabras elegantes. Solo di una sencilla y breve oración acerca de lo que esté sucediendo en el momento. Hazme saber lo que estás pensando de mí. O simplemente di mi nombre. O susúrrate un versículo de mi Palabra. Solo sigue hablando conmigo; yo siempre estaré escuchando.

PARA CONVERSAR

Primera de Tesalonicenses 5.17 dice: «Nunca dejen de orar». ¿Cómo oras? ¿Existe solamente una manera de orar: con la cabeza inclinada y los ojos cerrados? ¿Cómo es posible no dejar de orar?

¿QUIÉN TE DEFINE?

TEN CUIDADO CON VERTE a través de los ojos de alguien más. Existen varios peligros de hacerlo. Primero que nada, es casi imposible discernir lo que los demás piensan en realidad de ti. Además, sus puntos de vista son variables: están sujetos a la condición espiritual, emocional y física del espectador. El mayor problema de permitir que los demás te definan es que raya en la idolatría. Tu preocupación por agradar a los demás mina tu deseo de agradarme a mí, tu Creador.

Es mucho más real verte a través de *mis ojos*. Mi mirada sobre ti es firme y segura, impoluta de pecado. Mediante mis ojos puedes verte como alguien que es profunda y eternamente amado. Descansa en mi mirada de amor, y recibirás profunda paz. Responde a mi dulce Presencia, *adorándome en espíritu y en verdad*.

LEAN JUNTOS

Pero sin fe es imposible agradar a Dios; porque es necesario que el que se acerca a Dios crea que le hay, y que es galardonador de los que le buscan.

—HEBREOS 11.6

PROFUNDICEN EN LA LECTURA:
ROMANOS 5.5; JUAN 4.23-24

Complaciente

No seas complaciente. Las personas complacientes dejan que sus vidas sean dirigidas por lo que piensan los demás. *Tengo que vestirme así, para que se junten conmigo. No puedo sentarme con aquellos chicos, todo el mundo pensará que soy un perdedor. No quiero probar eso, pero si no lo hago, no encajaré.*

Puedes terminar en situaciones aterradoras e incluso peligrosas al intentar complacer a los demás. Los demás no son perfectos. Ellos no tienen un juicio perfecto, y no siempre quieren lo mejor para ti. Además, en realidad ni siquiera puedes saber lo que en verdad piensan de ti. De manera que ser complaciente con la gente es insensato.

En cambio, vive para agradarme a mí. Solamente yo soy perfecto y solo a mí me importas perfectamente. No te veas con los ojos de otras personas, ni estimes sus opiniones como más importantes que las mías. Mírate a través de *mis* ojos, y verás a un hijo de Dios que es profunda y perfectamente amado.

PARA CONVERSAR

¿Alguna vez has hecho algo para agradar a la gente, aunque sabías que lo que hacías estaba mal? ¿Eso hizo que les simpatizaras a todos? Dios nos dice que no intentemos agradar a la gente. ¿A quién quiere Él que agrademos en nuestra manera de vivir?

Mi perfecto amor

PERMITE QUE MI AMOR se filtre por los recovecos de tu ser. No me cierres ninguna parte de ti. Yo te conozco de adentro hacia fuera, de modo que no intentes presentarme a una persona «acicalada». Las heridas que escondes de la luz de mi amor se enconarán y se agusanarán. Los pecados secretos que «escondes» de mí pueden partirse y desarrollar vida propia, controlándote sin que te des cuenta.

Ábrete por completo a mi Presencia transformadora. Deja que mi resplandeciente luz de amor examine y destruya los temores escondidos. Este proceso requiere de tiempo a solas conmigo, mientras mi amor empapa la profundidad de tu ser. Disfruta mi *perfecto amor, que echa fuera todo rastro de temor.*

LEAN JUNTOS

En esa clase de amor no hay temor, porque el amor perfecto expulsa todo temor. Si tenemos miedo es por temor al castigo, y esto muestra que no hemos experimentado plenamente el perfecto amor de Dios.

—1 JUAN 4.18, NTV

PROFUNDICEN EN LA LECTURA: SALMOS 139.1-4, 23-24

Empápate de mi amor

Cierra los ojos e imagina estar parado afuera bajo la cálida lluvia de verano. Las gotas te empapan, mojándote por todos lados. Deja que mi amor haga lo mismo por ti. Deja que te empape completamente y se lleve los temores escondidos.

No tiene sentido intentar esconderme *algo*. Yo ya sé todo de ti, y *aun así* te amo. Cuando intentas esconderme partes de ti, solo te lastimas más. Las heridas y las decepciones pueden infectarse con ira y amargura. Los pecados secretos pueden desarrollar vida propia, controlándote antes de que te des cuenta.

No me cierres partes de ti. Invítame a entrar. Muéstrame todos los oscuros pensamientos y sentimientos. Mientras pases tiempo conmigo, la luz de mi amor los hará huir. Descansa en mi perfecto amor que echa fuera el temor.

PARA CONVERSAR

¿Hay secretos, temores o pecados que intentas esconder de Dios? Comparte con Él esos secretos. Él los conoce de cualquier manera y no cambiará su amor por ti. ¿Cómo huirán tus temores al decirle todo a Dios?

El camino de mi elección

Tú te encuentras en el camino de mi elección. En tu vida no existe la aleatoriedad. El aquí y ahora se componen de las coordenadas de tu vida diaria. La mayoría de las personas dejan que sus momentos se les escapen de las manos, viviendo a medias. Evitan el presente al preocuparse por el futuro o por el anhelo de un mejor tiempo y lugar. Olvidan que son criaturas sujetas a las limitaciones del tiempo y el espacio. Olvidan a su Creador, quien camina con ellos solamente en el presente.

Cada momento está vivo en mi gloriosa Presencia para aquellos cuyo corazón está íntimamente conectado con el mío. A medida que te entregues cada vez más a una vida de constante comunión conmigo, encontrarás que simplemente no tienes tiempo para preocuparte. Por ende, serás libre para permitir que mi Espíritu dirija tus pasos, permitiéndote caminar por *la senda de paz*.

LEAN JUNTOS

Para dar luz a los que habitan en tinieblas y en sombra de muerte; para encaminar nuestros pies por camino de paz.

—Lucas 1.79

Profundicen en la lectura:
Lucas 12.25-26; Judas 1.24-25

Aquí y ahora

Yo he creado con amor el camino para tu vida. Nada es por accidente. Cada giro es parte de mi plan.

No intentes ver lo que está por delante de tu camino. Y no continúes volteando hacia el pasado. El *aquí y ahora* es el único lugar donde puedes vivir. Cuando miras constantemente hacia el pasado o al futuro, el hoy se resbala por tus dedos, y lo vives a medias. No te preocupes por el examen que reprobaste la semana pasada. No te preocupes si te invitarán o no a la fiesta de la próxima semana. Soltar las preocupaciones del pasado y del futuro te hace libre para disfrutar el aquí y ahora.

Hoy es el día lleno de mi gloriosa Presencia. Hoy es el día que he llenado de bendiciones. Hoy es el día en que te doy mi paz.

PARA CONVERSAR

¿Puedes pensar en algo que iba a ser malo en tu vida y salió bien? ¿En ocasiones te preocupas por lo que podría suceder? Entonces, ¿con qué frecuencia suceden las cosas por las que te preocupabas? ¡Casi nunca! Es por ello que Dios dice que confiemos en Él un día a la vez.

CONTENTO EN TODA CIRCUNSTANCIA

¡REGOCÍJATE EN MÍ SIEMPRE! No importa lo que esté sucediendo, puedes gozarte en tu relación de amor conmigo. Este es *el secreto de contentarte en toda circunstancia*. Demasiadas personas sueñan con el día en que finalmente serán felices: cuando salgan de las deudas, cuando sus hijos estén fuera de peligro, cuando tengan más tiempo de esparcimiento, etcétera. Mientras sueñan despiertas, sus momentos están cayendo gota a gota a tierra, como un precioso bálsamo que se desperdicia, derramándose de botellas tiradas.

Fantasear acerca de la futura felicidad nunca traerá plenitud, porque la fantasía es irrealidad. Aunque yo sea invisible, soy mucho más real que el mundo que te rodea. Mi realidad es eterna e invariable. Tráeme tus momentos, y yo los llenaré de un gozo vibrante. *¡Ahora* es el tiempo de gozarte en mi Presencia!

LEAN JUNTOS

Regocijaos en el Señor siempre. Otra vez digo: ¡Regocijaos! [...] Sé vivir humildemente, y sé tener abundancia; en todo y por todo estoy enseñado, así para estar saciado como para tener hambre, así para tener abundancia como para padecer necesidad.

—FILIPENSES 4.4, 12

PROFUNDICEN EN LA LECTURA:
SALMOS 102.27; 1 PEDRO 1.8

El secreto de ser feliz

Escoge ser feliz en mí, sin importar lo que esté sucediendo a tu alrededor.

No esperes que todo en tu vida sea perfecto antes de que decidas ser feliz. Demasiadas personas desperdician su vida soñando acerca del momento en que finalmente sean felices: cuando terminen la escuela, cuando puedan conducir, cuando tengan su propio trabajo o casa propia, etcétera. Pero mientras sueñan despiertas, la vida está pasando de largo. La vida es *hoy*, no «cuando...».

Si tu vida está yendo genial, sé feliz y disfruta mis bendiciones. Si los tiempos son difíciles, sé feliz, porque sabes que estos problemas desaparecerán. Y tampoco olvides esto: ¡tú tienes la promesa de una vida sin problemas en el cielo, *para siempre*, conmigo!

No esperes a ser feliz. Acércate a mí y yo te mostraré cómo ser feliz *hoy*.

PARA CONVERSAR

¿Qué significa ser feliz? ¿Significa que todo está yendo como tú quieres? ¿Cómo puedes seguir siendo feliz cuando parece que nada está yendo a tu manera?

Búscame, y me hallarás

BUSCA MI ROSTRO, y hallarás más de lo que soñaste posible. *Permíteme ahuyentar el dolor que está en el centro de tu ser.* Yo soy como una nube sobresaturada que hace llover paz en el estanque de tu mente. Mi naturaleza es bendecirte. Tu naturaleza es recibir con acción de gracias. Este es un ajuste perfecto, diseñado antes de la fundación del mundo. Glorifícame al recibir mis bendiciones con acción de gracias.

Yo soy el objetivo de toda tu búsqueda. *Cuando me busques, me hallarás,* y serás satisfecho. Cuando las metas menores capturan tu atención, yo me desvanezco en el fondo de tu vida. Continúo estando ahí, mirando y esperando, pero tú funcionas como si estuvieras ahí a solas. De hecho, mi luz resplandece en cada decisión que enfrentarás. Vive radiantemente, expandiendo tu enfoque, de modo que me incluyas en todos tus momentos. No dejes que nada haga menguar tu búsqueda de mí.

LEAN JUNTOS

Mi corazón ha dicho de ti: Buscad mi rostro. Tu rostro buscaré, oh Jehová.

—SALMOS 27.8

PROFUNDICEN EN LA LECTURA: FILIPENSES 4.7, NTV; JEREMÍAS 29.13

Yo sigo estando ahí

Cuando me busques, hallarás más de lo que imaginaste posible. Yo reemplazaré tus preocupaciones con paz, y haré llover sobre ti bendiciones.

Yo soy todo lo que estás buscando y esperando. ¿Ves ese lugar vacío dentro de ti? ¿Aquel que has intentado llenar de cosas, y de amigos, y de muchas otras cosas? Yo soy el único que puede llenarlo. ¡Búscame!

Todas las cosas y la premura de este mundo en ocasiones pueden distraerte y robar tu atención de mí. Pero yo estoy observando y esperando a que regreses a mí. Y cuando me busques de nuevo, encontrarás que continúo estando aquí para ti, justo donde siempre he estado.

PARA CONVERSAR

¿Qué cosas has buscado? ¿Las hallaste? Lee Jeremías 29.13. ¿Cómo deberías buscar a Jesús? ¿Crees que siempre lo hallarás? ¿Por qué?

Exclusivamente correcto para ti

Yo te estoy guiando por un camino que es exclusivamente correcto para ti. Mientras más te acerques a mí, más te convertirás en quien realmente eres: la persona que yo diseñé. Debido a que tú eres único, el camino por el que estás transitando conmigo diverge cada vez más del camino de otras personas. Sin embargo, en mi misteriosa sabiduría y mi camino, te permito seguir esta senda solitaria mientras permaneces en cercano contacto con los demás. De hecho, entre más te entregues a mí por completo, podrás amar más libremente a la gente.

Maravíllate de la belleza de una vida entrelazada con mi Presencia. Gózate al viajar juntos en una comunión íntima. Disfruta la aventura de encontrarte a ti mismo al perderte en mí.

LEAN JUNTOS

Amados, amémonos unos a otros; porque el amor es de Dios. Todo aquel que ama, es nacido de Dios, y conoce a Dios. El que no ama, no ha conocido a Dios; porque Dios es amor.

—1 Juan 4.7-8

Profundicen en la lectura: 2 Corintios 5.17; Efesios 2.10; Juan 15.4

Eres único

Tú eres único. No hay nadie como tú. Es por ello que creé un camino solo para ti. A medida que recorras conmigo tu camino, te convertirás cada vez más en la persona que yo diseñé que fueras.

Debido a que eres único, el camino por el que estás viajando no es el mismo camino que el de los demás. Ellos están recorriendo los caminos que creé solamente para ellos.

Sin embargo, en mis caminos misteriosos, te he permitido seguir tu propio camino, mientras permaneces en cercano contacto con los demás. De hecho, mientras más camines a mi paso, porque me amas, más libremente podrás amar a las demás personas.

Asómbrate de cuán maravillosamente obro en tu vida. Mientras más sigas tu camino, más te convertirás en quien de verdad eres. Y mientras más me ames a mí, más podrás amar a los demás.

PARA CONVERSAR

Jesús te creó con habilidades y talentos únicos y especiales, tal como le dio a cada persona dones únicos. ¿Qué te dice eso acerca del camino de tu vida que es diferente al camino de los demás? ¿Cómo puede ayudarte a amar más a los demás tu amoroso Jesús?

Una mejor manera de vivir hoy

Permíteme ayudarte a vivir este día. Existen muchos caminos posibles para viajar entre tu amanecer y tu anochecer. Mantente alerta de los momentos de elección a lo largo del camino, estando constantemente consciente de mi Presencia. Avanzarás en este día de una forma u otra. Una manera es quejándote y refunfuñando, tropezando a rastras. Esto te llevará finalmente al término del día, pero hay una mejor manera. Puedes decidir caminar conmigo por el camino de la paz, apoyándote en mí tanto como necesites. Continuará habiendo dificultades en el camino, pero puedes enfrentarlas confiado en mi fuerza. Agradéceme por cada problema que te encuentres, y mira cómo transformo las pruebas en bendiciones.

LEAN JUNTOS

Ni murmuréis, como algunos de ellos murmuraron, y perecieron por el destructor.

—1 Corintios 10.10

Profundicen en la lectura: Lucas 1.79;
2 Samuel 22.29-30

Un día perfecto

Cuando te levantas por la mañana, tienes la opción de decidir la clase de día que quieres tener. No me refiero a que puedes decidir tener un día completamente sin problemas, un sábado, y ni siquiera un día nevado. Me refiero a que tú puedes decidir cómo verás este día. Y en realidad solamente hay dos opciones: quejarte de todo lo que no te gusta, o permanecer cerca de mí para que puedas ver las cosas a *mi* manera.

Puedes decidir ver la lluvia o el arcoíris. Puedes decidir ver la montaña de trabajo o la oportunidad de ver algo nuevo. Puedes molestarte con tus padres por no permitirte ir al cine, o puedes estar agradecido de que a alguien le importes tanto que a veces diga no.

Puedes decidir ver todo lo que está mal, o puedes escogerme a mí. Si me escoges a mí, yo te mostraré cómo es que todo lo que está mal puede convertirse en un día perfecto.

PARA CONVERSAR

Lee Filipenses 4.8. ¿Las cosas en que eliges pensar afectan la manera en que sientes el día? ¿Cómo cambian tus pensamientos y tu día cuando decides mantener a Jesús en tus pensamientos? ¿Decidirás quejarte de los problemas o ver las bendiciones que Jesús te da cada día?

MI AMOR CONSTANTE

YO TE AMO, sin importar cuán bien estés haciendo las cosas. A veces te sientes preocupado y te preguntas si estás haciéndolo suficientemente bien como para ser digno de mi amor. Sin importar cuán ejemplar sea tu comportamiento, la respuesta a esa pregunta siempre será no. Tu desempeño y mi amor son dos asuntos completamente distintos que necesitas separar. *Yo te amo con un amor eterno* que fluye desde la eternidad sin límites ni condiciones. *Yo te he revestido del manto de mi justicia*, y esta es una transacción eterna: nada ni nadie puede revertirlo. Por lo tanto, tu desempeño como cristiano no tiene relación con mi amor por ti. Aun tu habilidad para evaluar cómo estás desempeñándote en cierto día es defectuosa. Tu limitada perspectiva humana y la condición de tu cuerpo, junto con sus volubles variaciones, distorsionan tus evaluaciones.

Tráeme tu ansiedad por el desempeño, y recibe en su lugar *mi amor constante*. Intenta permanecer consciente de mi dulce Presencia en todo lo que hagas, y yo dirigiré tus pasos.

LEAN JUNTOS

Haz resplandecer tu rostro sobre tu siervo; sálvame por tu misericordia.

—SALMOS 31.16

PROFUNDICEN EN LA LECTURA: JEREMÍAS 31.3; ISAÍAS 61.10; SALMOS 107.8

No importa lo que suceda

¿Conoces ese incómodo y sinuoso sentimiento que te da en el centro de tu estómago cuando tienes que dar un discurso? ¿O cuando tienes el bate en mano? ¿O cuando eres la siguiente en el recital de baile? Te preocupas por ser suficientemente bueno, y si a la gente le agradará tu desempeño.

A veces incluso puedes sentir esa incómoda y molesta sensación conmigo. Te preguntas si estás haciendo lo suficiente para ser digno de mi amor. Bueno, la respuesta es no. No importa cuán grandioso actúes o las muchas cosas que hagas para servirme, nunca podrás ser *digno* de mi amor. Nadie puede serlo. Pero eso es lo más grandioso de mi amor: no *tienes que* ser digno. Es un regalo, sin precio. No tienes que ganártelo. Solamente tienes que aceptarlo.

Así que relájate. Haz tu mejor esfuerzo. Y sabe que te amaré, ¡sin importar lo que suceda!

PARA CONVERSAR

¿Cuándo te sentiste incómodo de no poder ser suficientemente bueno para algo? ¿Alguna vez has sentido que no eras suficientemente bueno para que Jesús te amara? ¿Sabes que Jesús jamás ha pensado eso de ti? No tienes que ser inteligente, ni lindo, ni perfecto en nada. ¡Solamente tienes que aceptar su regalo de amor para ti!

Yo saco algo bueno de los problemas

Hazte amigo de los problemas de tu vida. Aunque muchas cosas parezcan aleatorias e incorrectas, recuerda que yo soy soberano sobre todo. *Puedo encajar todo en un patrón para bien,* pero solamente en la medida en que confíes en mí. Cada problema puede enseñarte algo, transformándote poco a poco en la pieza maestra que yo te creé para ser. Si reaccionas con desconfianza y obstinación, el mismo problema puede convertirse en una piedra de tropiezo con la que caigas. La decisión es tuya, y tendrás que decidir si confiarás en mí o si me resistirás muchas veces al día.

La mejor manera de hacerte amigo de tus problemas es agradecerme por ellos. Este sencillo acto abre tu mente a la posibilidad de los beneficios que fluyen de tus dificultades. Incluso puedes ponerles sobrenombres a los problemas persistentes, lo cual te ayuda a verlos con familiaridad, en lugar de verlos con temor. El siguiente paso es presentármelos, permitiéndome así acogerlos en mi dulce Presencia. Yo no necesariamente eliminaré tus problemas, pero mi sabiduría es suficiente para sacar algo bueno de cada uno de ellos.

LEAN JUNTOS

Y sabemos que Dios hace que todas las cosas cooperen para el bien de quienes lo aman y son llamados según el propósito que él tiene para ellos.

—Romanos 8.28, ntv

Profundicen en la lectura: 1 Corintios 1.23-24

Hazte amigo de tus problemas

Hazte amigo de los problemas de tu vida. Sí, así es. Y tampoco olvides agradecerme por ellos. Eso suena loco, ¿no? Pero yo puedo utilizar cada problema para enseñarte algo. Tal como un escultor cincela partes de la dura piedra para revelar una hermosa obra de arte, yo puedo usar tus problemas para cincelar las partes duras de obstinación, orgullo y egoísmo, con el fin de revelar mi obra de arte: ¡tú!

Es tu decisión. Puedes quedarte con tus propios problemas, de manera que crezcan y se conviertan en piedras de tropiezo que te hagan caer. *O* puedes hacerte amigo de tus problemas al presentármelos y dejar que se hagan parte de mi plan. Posiblemente no me lleve tus problemas, pero sacaré algo bueno de ellos.

PARA CONVERSAR

¿Cómo puedes hacerte amigo de tus problemas? ¿Qué significa «presentarle» a Jesús tus problemas? ¿Qué cosa buena puede salir de tus problemas?

Tarde, mañana y a mediodía

Yo soy el Dios de todo el tiempo y de todo lo que hay. Búscame, no solamente en la quietud de la mañana, sino constantemente durante el día. No permitas que los problemas inesperados te distraigan de mi Presencia. En cambio, habla conmigo acerca de todo, y mira confiadamente lo que haré.

La adversidad no interrumpe tu comunión conmigo. Cuando las cosas salen «mal», tiendes a reaccionar como si te estuvieran castigando. En lugar de esta respuesta negativa, intenta ver las dificultades como bendiciones disfrazadas. *Haz de mí tu refugio, derramándome tu corazón, confiando en mí en todo tiempo.*

LEAN JUNTOS

Tarde y mañana y a mediodía oraré y clamaré, y él oirá mi voz.
—Salmos 55.17

Profundicen en la lectura:
Salmos 105.3; Salmos 32.6; Salmos 62.8

La postura de tu corazón

Yo soy el Dios del tiempo y de todo lo que hay. Yo estoy esperando escuchar de ti en la mañana, en la tarde y en la noche.

No solamente ores en la quietud de la mañana. No solamente ores en la iglesia o cuando las cosas estén yendo bien. Y no solamente ores con la cabeza inclinada y los ojos cerrados. Habla conmigo cada día, a cualquier hora, en cualquier lugar y situación: en la clase, en el campo de fútbol, mientras practicas piano, o haces tarea, o les envías mensajes a tus amigos. Ora cuando estés en problemas y cuando estés feliz. El tiempo conmigo es lo que importa, no el tiempo en sí.

Puedes hablar conmigo acostado, sentado o con los brazos estirados hacia el cielo. Tus ojos pueden estar abiertos o cerrados. No me importa la posición de tu cuerpo, a mí me importa la postura de tu corazón. Y cuando tu corazón esté buscándome, yo te escucharé.

PARA CONVERSAR

¿Cuándo oras? ¿Oras en ciertas horas o de cierta manera? ¿Es importante la *manera* o *dónde* o la *hora* en que oras? ¿Por qué la postura de tu corazón es más importante que la posición de tu cuerpo?

Cuando necesitas consuelo

Búscame continuamente para que te ayude, te consuele y te acompañe. Debido a que siempre estoy a tu lado, hasta la mirada más sutil puede conectarte conmigo. Cuando me buscas por ayuda, esta fluye libremente desde mi Presencia. Reconocer que me necesitas, en los asuntos pequeños, así como en los grandes, te mantiene espiritualmente vivo.

Cuando necesitas consuelo, a mí me encanta envolverte en mis brazos. Yo te permito no solamente sentirte consolado, sino también ser un canal a través del cual yo consuele a los demás. De esta manera eres doblemente bendecido, porque un canal viviente absorbe un poco de lo que fluye de él.

Mi constante compañía es la *campanada*: la cúspide de las bendiciones de la salvación. No importa cuántas pérdidas experimentes en tu vida, nadie puede arrebatarte este glorioso regalo.

LEAN JUNTOS

Bendito sea el Dios y Padre de nuestro Señor Jesucristo, Padre de misericordias y Dios de toda consolación, el cual nos consuela en todas nuestras tribulaciones, para que podamos también nosotros consolar a los que están en cualquier tribulación, por medio de la consolación con que nosotros somos consolados por Dios.

—2 Corintios 1.3-4

Profundicen en la lectura:
Salmos 34.4-6; Salmos 105.4

Yo soy tu consuelo

Este mundo es difícil. Hay días en que tu espíritu de verdad puede recibir una paliza. Algunos días simplemente necesitas ser consolado.

Debido a que yo siempre estoy contigo, necesitas solamente la más sutil mirada en mi dirección, el susurro más suave, para conectarte conmigo y con mi consuelo. Yo puedo envolverte en mis brazos para que estés protegido de los golpes y los puñetazos de este mundo.

Yo te consuelo, y luego te bendigo con la habilidad de consolar a los demás. Mira, yo soy el Dios que puede sacar algo bueno de todo. A partir de tus heridas, yo te doy entendimiento, un entendimiento de las heridas de los demás, y la habilidad para consolarlos.

PARA CONVERSAR

¿Tienes que gritar para que Jesús te escuche? ¿Qué necesitas hacer para que Jesús te escuche? ¿Por qué el consuelo de Jesús puede sentirse como un asombroso y cálido abrazo?

NO JUZGUES

MI HIJOS hacen de juzgar a los demás y a sí mismos un pasatiempo. Pero yo soy el único Juez capaz, y te he absuelto mediante mi propia sangre. Tu absolución se obtuvo por el precio de mi incomparable sacrificio. Es por ello que me ofende tanto cuando escucho a mis hijos juzgarse unos a otros o entregarse al autodesprecio.

Si vives cerca de mí y absorbes mi Palabra, el Espíritu Santo te guiará y te corregirá cuando se necesite. *No hay condenación* para quienes me pertenecen.

LEAN JUNTOS

No juzguéis, y no seréis juzgados; no condenéis, y no seréis condenados; perdonad, y seréis perdonados.

—LUCAS 6.37

PROFUNDICEN EN LA LECTURA: 2 TIMOTEO 4.8;
TITO 3.5; ROMANOS 8.1

Sin culpa

Mis hijos hacen de juzgar a los demás y a sí mismos un pasatiempo. Pero *yo* soy el único Juez. Detesto ver que mis hijos se menosprecien o juzguen a los demás. Esta no es mi voluntad para ti.

Yo te di la capacidad de escoger lo correcto. Si vives cerca de mí y sigues mi enseñanza, el Espíritu te guiará y te corregirá. Yo morí en la cruz para que fueras limpiado de todos tus pecados. Yo te di mi propia sangre para que pudieras ser completamente perdonado.

Perdona entonces a los demás, y perdónate a ti mismo. Deja que mi Espíritu te ayude a tomar buenas decisiones y te corrija cuando lo necesites. Y siempre recuerda que yo no condeno a mis hijos.

PARA CONVERSAR

¿Cuál es la diferencia entre juzgar a una persona o juzgar lo que está bien y lo que está mal? Nosotros perdonamos, porque Cristo nos perdonó. ¿Por qué a veces es difícil perdonar? ¿Cuándo podrías tener que perdonarte a ti mismo?

Busca mi rostro

Busca mi rostro cada vez más. En realidad apenas estás comenzando tu travesía de intimidad conmigo. No es un camino fácil, pero es un camino encantador y privilegiado: una búsqueda de tesoros. Yo soy el tesoro, y la gloria de mi Presencia brilla y resplandece a lo largo de la senda. Las dificultades también son parte del viaje. Yo las distribuyo cuidadosamente, justo en la dosis correcta, con una ternura que apenas puedes imaginar. No huyas de las aflicciones, ya que estas se encuentran en medio de mis favores. *Confía en mí y no temas, porque yo soy tu fortaleza y tu canción.*

LEAN JUNTOS

He aquí Dios es salvación mía; me aseguraré y no temeré; porque mi fortaleza y mi canción es JAH Jehová, quien ha sido salvación para mí.

—Isaías 12.2

Profundicen en la lectura: Salmos 27.8;
2 Corintios 4.7-8

La búsqueda de tesoros

¿Sabías que te encuentras en una búsqueda de tesoros? No se trata de la búsqueda de un premio, una bolsa de dulces, y ni siquiera del cofre pirata lleno de oro. Es una búsqueda de mí. Yo soy el Tesoro. Te he dado el mapa de mi santa Palabra para que lo sigas, y te he dado mi Espíritu para guiarte.

El camino que debes tomar no es fácil, ¡pero el tesoro vale la pena! Yo estoy esperando darte joyas de bendiciones a lo largo del camino. Las dificultades también son parte del viaje, tal como en cualquier gran aventura. Pero no temas, yo estoy contigo. Yo te daré fuerza, y llenaré tu corazón de un gozo que te hará cantar. Y al final del viaje se encuentra el tesoro más grande de todos: ¡la eternidad conmigo!

PARA CONVERSAR

¿Jesús es el más grande tesoro? Si los demás observaran tu vida, ¿verían que Él es tu más grande tesoro? ¿Te verían usar su Palabra como el mapa de la vida?

Yo vivo en ti

Yo soy *Cristo en ti, la esperanza de gloria*. Aquel que camina a tu lado, sosteniéndote de la mano, es el mismo que vive dentro de ti. Este es un profundo e insondable misterio. Tú y yo estamos entretejidos en una intimidad que envuelve cada fibra de tu ser. La luz de mi Presencia resplandece dentro de ti y sobre ti. Yo estoy en ti, y tú estás en mí; ¡por lo tanto, nada en el cielo ni en la tierra puede separarte de mí!

Tu consciencia de mí se intensifica cuando te sientas tranquilamente en mi Presencia. Esto produce el *gozo del Señor, que es tu fortaleza. Yo, el Dios de esperanza, te lleno de gozo y de paz cuando confías en mí, de modo que desbordes de esperanza, por el poder del Espíritu Santo.*

LEAN JUNTOS

Le pido a Dios, fuente de esperanza, que los llene completamente de alegría y paz, porque confían en él. Entonces rebosarán de una esperanza segura mediante el poder del Espíritu Santo.

—Romanos 15.13, ntv

Profundicen en la lectura: Colosenses 1.27;
Isaías 42.6; Nehemías 8.10

Disfruta los misterios

Conmigo, algunas cosas son un misterio: yo soy quien camina a tu lado, sosteniéndote de la mano, *y* soy yo quien vive en ti para consolarte y guiarte. Yo puedo hacer *ambas* cosas a la vez.

Aquí hay otro misterio: no solamente estoy en ti, sino que tú también estás *en mí*. Estamos entretejidos juntos como las fibras de una tela. ¡No hay nada en el cielo ni en la tierra que pueda separarte de mí!

Cuando pienses en estos asombrosos misterios, alégrate de tener un Dios que te ame tanto. Que el conocimiento de mi Presencia en ti y alrededor de ti te llene de gozo y de paz. Hay misterios que no puedes comprender, ¡pero *sí* puedes disfrutarlos!

PARA CONVERSAR

Hay muchas cosas acerca de Dios que son un misterio. Uno de los más grandes misterios es que Él está *en* ti y *contigo*. ¿Qué significa para ti la constante y eterna Presencia de Dios en tu vida? ¿Te hace sentir más confiado y más dispuesto para contarles de Él a los demás?

TU MEJOR AMIGO

YO SOY TU MEJOR AMIGO, además de tu Rey. Camina de la mano conmigo por la vida. Juntos enfrentaremos lo que el día traiga: deleites, desafíos, aventuras, desilusiones. Nada se desperdicia cuando lo compartes conmigo. *Yo puedo sacar belleza de las cenizas* de los sueños perdidos. Yo puedo cosechar gozo del dolor, paz de la adversidad. Solamente un amigo, que también es el Rey de reyes podría llevar a cabo esta operación divina. ¡No hay otro como yo!

La amistad que te ofrezco es práctica y sensata, no obstante, está saturada de gloria celestial. Vivir en mi Presencia significa vivir en dos planos simultáneamente: el plano visible y el invisible, la realidad eterna. Yo te he capacitado para estar consciente de mí mientras caminas por las polvorientas sendas terrenales.

LEAN JUNTOS

Nadie tiene mayor amor que este, que uno ponga su vida por sus amigos. Vosotros sois mis amigos, si hacéis lo que yo os mando. Ya no os llamaré siervos, porque el siervo no sabe lo que hace su señor; pero os he llamado amigos, porque todas las cosas que oí de mi Padre, os las he dado a conocer.

—JUAN 15.13-15

PROFUNDICEN EN LA LECTURA: ISAÍAS 61.3;
2 CORINTIOS 6.10

No hay otro amigo como yo

Yo soy tu mejor amigo, y soy tu Rey.

Mi amistad es práctica y sencilla. Como tu amigo, siempre estoy aquí para escucharte y ayudarte. Juntos enfrentaremos lo que el día traiga: deleites, dificultades, aventuras, desilusiones.

Pero como tu Rey celestial, nuestra amistad se abre a muchas más posibilidades. Como Rey, yo puedo crear algo asombroso donde había cenizas de sueños perdidos, gozo de la tristeza y paz de los problemas.

Y todo se debe a que te amo. Mi amor por ti es tan grande que dejé el cielo para venir a la tierra como un bebé indefenso. Es tan grandioso que viví en el polvo y en el pecado de este mundo. Y es tan grande que morí en la cruz para salvar tu alma. ¡No hay otro amigo como yo!

PARA CONVERSAR

¿Qué hace a un buen amigo? ¿Qué hace de Jesús tu mejor amigo? ¿Hay cosas que puedas hacer tú para ser un mejor amigo, no solamente con la gente que te rodea, sino también con Jesús?

Inconmensurablemente más

Yo puedo hacer mucho más de lo que pides o imaginas. Acércate a mí con expectativas positivas, sabiendo que no hay límite a lo que yo puedo hacer. Pídele a mi Espíritu que tome control de tu mente, de modo que puedas tener grandiosos pensamientos de mí. No te desanimes por el hecho de que tus oraciones todavía no sean respondidas. El tiempo es un entrenador que te enseña a esperar en mí, a confiar en mí en medio de las tinieblas. Entre más extremas sean tus circunstancias, mayor es la posibilidad de que veas *mi poder y mi gloria* obrando en cada situación. En lugar de permitir que tus dificultades te provoquen preocupación, intenta verlas como un escenario para mi gloriosa intervención. Mantén tus ojos y tu mente abiertos a todo lo que yo estoy haciendo en tu vida.

LEAN JUNTOS

Y a Aquel que es poderoso para hacer todas las cosas mucho más abundantemente de lo que pedimos o entendemos, según el poder que actúa en nosotros, a él sea gloria en la iglesia en Cristo Jesús por todas las edades, por los siglos de los siglos. Amén.

—Efesios 3.20-21

Profundicen en la lectura: Romanos 8.6; Isaías 40.30-31; Apocalipsis 5.13

Atrévete a soñar mi sueño

Sueña el más grande e increíble sueño, y luego descubre que yo puedo hacer mucho más que eso, mucho más de lo que pudieras pedir o imaginar. Permíteme llenar tu mente de los sueños que *yo* tengo para ti.

No te desanimes si tus oraciones no son respondidas inmediatamente. El tiempo es un maestro: te enseña a ser paciente y a confiar en mi plan perfecto, aun cuando no sabes lo que sucederá después.

Cuando todo parece ser demasiado difícil es cuando puedes ver de verdad mi poder obrando en tu vida. No dejes que la locura de este mundo te lleve hacia la preocupación. En cambio, decide ver todo lo que yo estoy haciendo alrededor de ti. Recuerda que no hay límites para lo que yo puedo hacer.

PARA CONVERSAR

¿Cuál es tu más grande sueño? ¿Cómo puedes averiguar cuáles son los sueños de Jesús para ti? ¿De qué forma leer la Biblia y orar te ayudan a conocer el plan de Jesús para tu vida?

Adórame

Encuéntrate conmigo en la quietud matutina, mientras la tierra está fresca del rocío de mi Presencia. *Adórame en la belleza de la santidad.* Entona cánticos de amor para mi santo nombre. A medida que te entregues a mí, mi Espíritu se incrementa en ti, hasta que estés saturado de mi divina Presencia.

La manera en que el mundo persigue las riquezas es arrebatando y acumulando. Tú alcanzas *mis* riquezas al soltar y dar. Entre más te entregues a mí y a mis caminos, más te llenaré del *indescriptible gozo celestial.*

LEAN JUNTOS

Dad a Jehová la gloria debida a su nombre; adorad a Jehová en la hermosura de la santidad.

—Salmos 29.2

Profundicen en la lectura: Salmos 9.10;
1 Pedro 1.8

Yo llenaré tu vida de riquezas

Adórame, y yo llenaré tu vida de gloriosas riquezas.

El mundo te dice que las riquezas son el dinero, los coches, la ropa de diseñador y la hermosa joyería. El mundo dice que las arrebates y no las sueltes; que acumules estos tesoros.

Pero mis riquezas son tesoros mucho mejores de gozo, amor y paz. En lugar de acumularlas solo para ti mismo, quiero que las compartas. Cuando compartes mis riquezas, estas se multiplican, de modo que quienes te rodean y tú sean más ricos que nunca antes.

¿Cómo puedes obtener mis riquezas? ¡Adórame! Acércate a mí en la quietud de la mañana. Alábame por la belleza de un nuevo día. Cántame de mi santidad. Ábreme tu corazón y permíteme llenar tu alma de mis riquezas.

PARA CONVERSAR

¿Qué es la adoración? ¿Cómo es que la adoración puede llenar tu vida de riquezas? Lean Mateo 6.19-21. ¿Por qué las riquezas de gozo, amor y paz son mayores que las riquezas del mundo?

En orden

QUE EL DESORDEN DE TU VIDA no te apesadumbre: demasiadas tareítas que hacer a la vez, sin un orden en particular. Si te enfocas demasiado en esos pequeños deberes, intentando cumplir cada uno, descubrirás que no tienen final. Pueden comer tanto tiempo como les dediques.

En lugar de intentar hacer todas tus tareas a la vez, elige aquellas que necesites hacer hoy. Deja que las demás se desvanezcan en el fondo de tu mente, de manera que yo pueda estar en la primera fila de tu consciencia. Recuerda que tu meta final es vivir cerca de mí, y responder a mis iniciativas. Yo puedo comunicarme contigo más fácilmente cuando tu mente está en orden y vuelta hacia mí. Busca mi rostro continuamente durante el día. Que mi Presencia traiga orden a tus pensamientos, infundiéndole paz a todo tu ser.

LEAN JUNTOS

Mas buscad primeramente el reino de Dios y su justicia, y todas estas cosas os serán añadidas.

—MATEO 6.33

PROFUNDICEN EN LA LECTURA: PROVERBIOS 16.3; SALMOS 27.8; ISAÍAS 26.3

Despejar el desorden

Que el desorden de tu vida no te abrume. Al decir «desorden», no estoy hablando solamente de todas las cosas que hay debajo de tu cama. También me refiero a la interminable lista de deberes que tienes que hacer en algún momento, pero no necesariamente *ahora*. Por ejemplo, le dijiste a tu amiga que podías descargarle la canción. Y las llantas de tu bicicleta necesitan aire.

Todas esas tareas te consumirán tanto tiempo como les des. Así que, en lugar de intentar hacer todo a la vez, elige las tareas que realmente necesitan llevarse a cabo hoy. Luego deja que el resto se vaya al fondo de tu mente, de manera que *yo* pueda estar al frente.

Recuerda que tu verdadera meta en esta vida no es agotar cada asunto de tu lista; sino vivir cerca de mí. Busca mi rostro durante este día. Deja que mi Presencia despeje el desorden de tu mente y te inunde de mi paz.

PARA CONVERSAR

¿Qué clase de «desorden» llena tus pensamientos y tus días? ¿Tienes tiempo para Jesús? ¿Cómo es que Jesús puede ayudarte a decidir lo que realmente importa y lo que solamente es «desorden»?

Un corazón alegre

APRENDE A REÍRTE de ti mismo con mayor libertad. No te tomes a ti ni a tus circunstancias con tanta seriedad. Relájate y conoce que yo soy *Dios contigo*. Cuando deseas mi voluntad por sobre lo demás, la vida se vuelve mucho menos amenazadora. Deja de intentar supervisar mis responsabilidades, las cosas que están fuera de tu control. Encuentra libertad al aceptar las fronteras de tus dominios.

La risa aligera tu carga y lleva tu corazón a lugares celestiales. Tu risa se eleva hacia el cielo y se mezcla con las melodías angelicales de alabanza. Tal como los padres se deleitan de la risa de sus hijos, yo me deleito al escuchar reír a mis hijos. Yo me gozo cuando confías lo suficiente en mí como para disfrutar tu vida relajadamente.

No te pierdas del gozo de mi Presencia, llevando sobre tus hombros el peso del mundo. En cambio, *toma mi yugo sobre ti y aprende de mí. Mi yugo es cómodo y agradable; mi carga es ligera y fácil de llevar.*

LEAN JUNTOS

Fuerza y honor son su vestidura; y se ríe de lo por venir.
—PROVERBIOS 31.25

PROFUNDICEN EN LA LECTURA: PROVERBIOS 17.22;
MATEO 1.23; MATEO 11.29-30, NTV

Ríete de los problemas

Aprende a reírte de ti mismo y del mundo. En lugar de hundirte en el lodo de la preocupación y el temor, ríete y siéntete feliz, porque yo estoy a tu lado. Tal como los padres se gozan en la risa de sus hijos, yo me gozo al escucharte reír. Me siento feliz cuando confías tanto en mí como para disfrutar la vida.

No permitas que la preocupación por los problemas, especialmente por las cosas que todavía no han sucedido, evite que te rías. Vive cada día al máximo al estar lleno de mi gozo. Eso no significa que nunca tendrás problemas. No significa que jamás estarás triste. Pero sí significa que, cuando vengan los problemas, todavía puedes tener gozo, porque el Creador del universo está justo a tu lado, ayudándote con tus problemas.

Aprende entonces a reírte de los problemas... y verás que ni siquiera son tan molestos.

PARA CONVERSAR

¿Crees que sea posible sentirte feliz, e incluso reírte, en los tiempos de dificultad y tristeza? ¿Cómo es que Jesús puede ayudarte a encontrar gozo en *todo* tiempo? ¿La risa puede hacer que tus problemas sean menos molestos?

Escúchame

Escúchame continuamente. Yo tengo mucho que comunicarte. Hay demasiadas personas y situaciones que necesitan oración. Yo te estoy capacitando para fijar tu mente cada vez más en mí, apagando las distracciones mediante la ayuda de mi Espíritu.

Camina conmigo en divina confianza, respondiendo a mis iniciativas, en lugar de intentar hacer que las cosas se adapten a tus planes. Yo morí para hacerte libre, y eso incluye ser libre de planear compulsivamente. Cuando tu mente da vueltas con una multitud de pensamientos, no puedes escuchar mi voz. Una mente preocupada por planear le rinde homenaje al ídolo del control. Entrégame esta idolatría. ¡Escúchame, y vive abundantemente!

LEAN JUNTOS

Mis ovejas oyen mi voz, y yo las conozco, y me siguen.

—Juan 10.27

Profundicen en la lectura: Salmos 62.8;
Juan 8.36; Proverbios 19.21

¿Estás escuchando?

Escúchame en todo momento. Yo tengo demasiadas cosas que decirte. Hay personas y situaciones por las que deseo que ores. Yo quiero ayudarte. Hay tanto trampas como bendiciones que quiero mostrarte. Apaga todo el ruido de este mundo y deja que mi Espíritu te ayude a sintonizarte conmigo.

Yo sé que tienes planes para hoy, pero colócame primero en tu lista. Tus planes pueden encajar perfectamente con los míos. O yo puedo tener algo todavía mejor preparado para ti. No te encierres tanto en hacer tu día como lo has planeado, que te pierdas las bendiciones de *mi* plan. ¡Dedica tiempo para escucharme, y yo te mostraré cómo vivir de verdad!

PARA CONVERSAR

¿De qué manera puedes comenzar tu día escuchando a Jesús? ¿Cómo puedes recordar seguir a Jesús todo el día? ¿Qué podrías decirle en la noche antes de dormirte?

GÓZATE SIEMPRE EN MÍ

¡GÓZATE Y SÉ AGRADECIDO! A medida que camines conmigo este día, practica confiar en mí y agradecerme a lo largo del camino. La confianza es un canal mediante el cual mi paz fluye hacia ti. La acción de gracias te levanta por sobre tus circunstancias.

Yo llevo a cabo mis mejores obras a través de la gente que tiene un corazón agradecido y confiado. En lugar de planear y evaluar, practica confiar en mí y agradecerme continuamente. Este es un cambio de paradigmas que revolucionará tu vida.

LEAN JUNTOS

Regocijaos en el Señor siempre. Otra vez digo: ¡Regocijaos!
—FILIPENSES 4.4

PROFUNDICEN EN LA LECTURA: SALMOS 95.1-2;
SALMOS 9.10; 2 CORINTIOS 2.14

Un corazón gozoso

¡Regocíjate! Regocijarse en mí es alabarme con gozo y acción de gracias. Me encanta escuchar que te goces. Puedes cantarlo. Puedes gritarlo. Puedes susurrarlo suavemente... o incluso orar en silencio. No importa *cómo* lo hagas ¡Solo importa *que* lo hagas! Haz de este un nuevo hábito en tu vida.

Yo soy exaltado cuando te regocijas en mí, y te levanto a ti también. Que te regocijes me dice que tú sabes que tus bendiciones provienen de mí, y esto me hace desear bendecirte todavía más. Yo hago mis mejores obras con gente que tiene un corazón gozoso y agradecido. Así que gózate siempre en mí. En cada situación. ¡A medida que practiques este hábito de alabanza, tu vida se volverá cada vez mejor!

PARA CONVERSAR

Cántale a Jesús: «Gracias, Jesús, por amarme». Ahora grita fuertemente: «Gracias, Jesús, por amarme». Susurra: «Gracias, Jesús, por amarme». Ahora, ora a Jesús con un corazón gozoso.

Tú eres realeza

Siéntate tranquilamente en mi Presencia mientras te cuido. Haz que tu mente sea como una calmada piscina, lista para recibir lo que yo coloque en ella. Descansa en mi suficiencia mientras consideras los desafíos que presente este día. No te agotes preocupándote por si puedes lidiar con las presiones. Continúa buscándome y comunicándote conmigo mientras caminamos juntos este día.

Dedica tiempo para descansar a un lado del camino, porque yo no tengo prisa. Estar en un lugar pacífico sin prisas logra más que esforzarse con premura. Cuando te apresuras, olvidas quién eres y de quién eres. Recuerda que tú eres realeza en mi reino.

LEAN JUNTOS

El Espíritu mismo da testimonio a nuestro espíritu, de que somos hijos de Dios. Y si hijos, también herederos; herederos de Dios y coherederos con Cristo, si es que padecemos juntamente con él, para que juntamente con él seamos glorificados.

—Romanos 8.16-17

Profundicen en la lectura: Salmos 37.7; 1 Pedro 2.9

Un hijo del Rey

Tú eres hijo de Dios. Un hijo del Rey. Un miembro de la familia real. Mi propio hermano o hermana. ¿Pero cómo lo sabrá el mundo?

Tú eres hijo de Dios el domingo por la mañana, ¿pero de quién eres el resto de la semana? Tú eres un hijo de Dios en el campamento de la iglesia, ¿pero de quién eres en el juego de básquetbol? Tú eres un hijo de Dios cuando haces una oración, ¿pero de quién eres cuando estás decidiendo qué película ver con tus amigos?

Yo quiero que el mundo te mire a ti y vea lo que haces y dices, y sepa que eres mío, sea domingo, martes por la mañana o viernes por la noche.

Acércate a mí cada mañana, de modo que yo pueda prepararte para tu día. Pídeme que te ayude a vivir como un hijo real del Rey. ¡Nunca olvides quién eres y de quién eres!

PARA CONVERSAR

¿Qué significa ser un «hijo de Dios»? ¿Qué te dice acerca de Dios su disposición de hacerte su hijo? ¿Cómo sabrán los demás que eres hijo de Dios?

Impregnado de mi Presencia

Yo soy el creador del cielo y la tierra: Señor de todo lo que es y lo que será. Aunque yo soy inimaginablemente vasto, decidí morar en ti, impregnándote de mi Presencia. Solamente en el plano espiritual es que alguien tan infinitamente grande puede vivir en alguien tan pequeño. ¡Asómbrate del poder y la gloria de mi Espíritu que mora en tu interior!

Aunque el Espíritu Santo sea infinito, *Él se digna a ser tu ayudador.* Él siempre está listo para ofrecerte ayuda; todo lo que necesitas hacer es pedirlo. Cuando el camino frente a ti luzca fácil y sencillo, podrías ser tentado a *transitarlo a solas,* en lugar de confiar en mí. Ahí estarás en el mayor peligro de tropezar. Pídele a mi Espíritu que te ayude al andar en cada paso del camino. Nunca descuides esta gloriosa fuente de fuerza que está en tu interior.

LEAN JUNTOS

Y yo rogaré al Padre, y os dará otro Consolador, para que esté con vosotros para siempre: el Espíritu de verdad, al cual el mundo no puede recibir, porque no le ve, ni le conoce; pero vosotros le conocéis, porque mora con vosotros, y estará en vosotros.

—Juan 14.16-17

Profundicen en la lectura: Juan 16.7; Zacarías 4.6

Mi Espíritu en ti

Yo soy el creador del cielo y de la tierra. Yo soy el Señor de todo lo que es y de todo lo que será. Soy más grande que todos los cielos. Pero cuando decides convertirte en uno de mis seguidores, yo vengo a morar en tu interior. Piensa en eso durante un momento... acerca de quién yo soy y de cuán grande soy. Y regocíjate, porque mi Espíritu vive en ti.

El Espíritu Santo siempre está ahí para ayudarte, solo pídelo. Cuando todo está marchando a tu manera y la vida parece ser fácil, podrías sentirte tentado a ir a solas. Pero es ahí cuando estás en el mayor peligro. El maligno está esperando que bajes la guardia y te alejes de mi protección. Pídele a mi Espíritu que te ayude en *cada uno* de los pasos que des en el camino, en los tiempos fáciles y en los tiempos difíciles. El Espíritu te fortalece.

PARA CONVERSAR

Piensa un momento en cuán grande, y vasto, y poderoso es Dios. Ahora piensa en la verdad de que su Espíritu vive dentro de sus seguidores, dentro de ti. ¡Cuán asombroso es eso! ¿Qué poder produce eso en tu vida?

CONTROLA TUS PENSAMIENTOS

CONFÍA EN MÍ EN TODOS TUS PENSAMIENTOS. Sé que algunos pensamientos son inconscientes o semiconscientes, y no te hago responsable de ellos. Pero puedes dirigir tus pensamientos conscientes mucho más de lo que puedes darte cuenta. Practica pensar de ciertas maneras, confiando en mí, agradeciéndome, y esos pensamientos se volverán más naturales. Rechaza los pensamientos negativos y pecaminosos tan pronto como te des cuenta de ellos. No intentes escondérmelos; confiésalos y déjamelos. Camina tranquilo. Este método para controlar tus pensamientos mantendrá tu mente en mi Presencia y tus pies en *el camino de paz*.

LEAN JUNTOS

Si confesamos nuestros pecados, él es fiel y justo para perdonar nuestros pecados, y limpiarnos de toda maldad.

—1 JUAN 1.9

PROFUNDICEN EN LA LECTURA: SALMOS 20.7; LUCAS 1.79

Piensa lo que predicas

Has escuchado el dicho: «Haz lo que predicas». Esto significa que debes vivir de la manera que sabes que es correcta. Bueno, yo te estoy pidiendo ahora: «Piensa lo que predicas». Piensa de la manera en que sabes que debes hacerlo: con pensamientos centrados en mí. Cuando lo haces, no hay espacio para los pensamientos de pecado, venganza, odio, autocompasión ni chisme.

Sé que a veces un pensamiento se atora en tu cerebro, no sabes de dónde vino, y no lo quieres ahí. Échalo fuera. Yo no te hago responsable de esa clase de pensamientos. Pero cuando te encuentres teniendo un mal pensamiento, o regresando una y otra vez a ese pensamiento como si fuera una canción conocida, entonces necesitas traerme ese pensamiento. No intentes esconderlo. Confiésalo y déjalo conmigo. Entonces puedes seguir tu camino con una mente clara y un corazón perdonado.

PARA CONVERSAR

Piensa en lo que significa «haz lo que predicas». Ahora, ¿qué crees que signifique «piensa lo que predicas»? ¿Hay algunos pensamientos que te vienen a la mente una y otra vez? ¿Cómo puedes dejárselos a Jesús?

Alabanza y acción de gracias

Que la acción de gracias gobierne en tu corazón. Algo asombroso sucede cuando me agradeces por las bendiciones de tu vida. Es como si *se cayeran las escamas de tus ojos*, permitiéndote ver cada vez más mis gloriosas riquezas. Con los ojos tan abiertos, puedes tomar lo que necesites de mi casa de tesoros. Cada vez que recibes uno de mis obsequios de oro, deja que tu acción de gracias entone alabanzas a mi nombre. «Aleluya» es el idioma del cielo, y puede convertirse también en el idioma de tu corazón.

Una vida de alabanza y de acción de gracias se vuelve una vida de milagros. En lugar de intentar tener el control, te enfocas en mí y en lo que yo estoy haciendo. Este es el poder de la alabanza: centrar todo tu ser en mí. Así es como te di vida, porque te hice a mi propia imagen. Disfruta de la vida abundante al rebozar de alabanza y acción de gracias.

LEAN JUNTOS

Entrad por sus puertas con acción de gracias, por sus atrios con alabanza; alabadle, bendecid su nombre.

—Salmos 100.4

Profundicen en la lectura: Colosenses 3.15;
Hechos 9.18; Apocalipsis 19.3-6

El idioma del cielo

Cuando vives alabándome y agradeciéndome por las bendiciones que te doy cada día, tu vida se llena de milagros. Es como si se te quitara una venda de los ojos. Con los ojos bien abiertos, verás cada vez más mis gloriosas riquezas. ¡Deja que tu acción de gracias me alabe!

Un corazón agradecido te mantiene enfocado en mí y en lo que yo estoy haciendo en tu vida. En lugar de intentar tener el control, te relajas y me haces el centro de tu vida. Así es como te creé para vivir, y esa es una vida de gozo.

La alabanza que sale de tu gozo es el idioma del cielo, y el verdadero idioma de tu corazón.

PARA CONVERSAR

Mira a tu izquierda. ¿Ves una bendición? Agradécele a Dios por esa bendición. Ahora mira a la derecha. ¿Ves una bendición? Agradécele a Dios por esa bendición. Mira al frente. ¿Ves una bendición? Agradécele a Dios por esa bendición. Voltea alrededor y atrás. ¿Ves una bendición? Agradécele a Dios por esa bendición.

¡Jesús, ayúdame!

Yo estoy por sobre todo: tus problemas, tu dolor y los eventos turbulentos de este mundo en constante cambio. Cuando miras mi rostro, te levantas por sobre las circunstancias y descansas conmigo en *los lugares celestiales*. Este es el camino de la paz: vivir a la luz de mi Presencia. Te garantizo que siempre tendrás problemas en esta vida, pero estos no deben ser tu enfoque. Cuando sientas que te hundes en el mar de las circunstancias, di: «¡Jesús, ayúdame!», y yo te haré regresar conmigo. Si tienes que decirlo un millar de veces al día, no te desanimes. Yo conozco tu debilidad y me encuentro contigo en ese mismo lugar.

LEAN JUNTOS

Y juntamente con él nos resucitó, y asimismo nos hizo sentar en los lugares celestiales con Cristo Jesús.

—Efesios 2.6

PROFUNDICEN EN LA LECTURA:
Mateo 14.28-32; Isaías 42.3

Yo te levantaré

Yo estoy por sobre todo: tus problemas, tus desilusiones y tus heridas, y todos los eventos cambiantes que llenan este mundo. Y quiero levantarte a ti también por sobre estas cosas.

Es un hecho: en esta vida tendrás problemas. Resbalarás y caerás en el lodo y en el polvo de este mundo. ¡Pero no te rindas! No permitas que la tierra y el polvo sean todo lo que ves. ¡Mírame a mí! Levanta tu mano y clama: «¡Jesús, ayúdame!».

Yo siempre estoy cerca de ti. Yo te tomaré de la mano y te levantaré. Te sacudiré el polvo y te sentaré a mi lado. Y te mostraré cómo es que, juntos, podemos superarlo todo.

PARA CONVERSAR

En Mateo 14, cuando Pedro estaba hundiéndose en las olas, él clamó: «¡Señor, sálvame!». ¿Qué hace esa sencilla oración? ¿Cómo puede ayudarte esta oración?

Tu verdadero Amo

NO PUEDES SERVIR A DOS AMOS. Si de verdad soy yo tu Amo, tú desearás agradarme por sobre los demás. Si agradar a la gente es tu meta, terminarás esclavizándote a ella. La gente puede ser un duro amo cuando le das poder sobre ti.

Si yo soy el Amo de tu vida, también seré tu *primer amor*. Tu servicio a mí está arraigado y cimentado en mi vasto amor incondicional por ti. Entre más te humilles ante mí, más alto te levantaré en tu relación íntima conmigo. *El gozo de vivir en mi Presencia* opaca todos los demás placeres. Yo deseo que reflejes mi alegre luz al vivir en una creciente intimidad conmigo.

LEAN JUNTOS

Ninguno puede servir a dos señores; porque o aborrecerá al uno y amará al otro, o estimará al uno y menospreciará al otro. No podéis servir a Dios y a las riquezas.

—MATEO 6.24

PROFUNDICEN EN LA LECTURA: APOCALIPSIS 2.4;
EFESIOS 3.16-17; SALMOS 16.11

Déjame ser tu Amo

Es imposible servir a dos amos. De hacerlo, te esclavizarás a uno de ellos y olvidarás al otro. Esto significa que aquello a que dediques tu tiempo se vuelve tu amo. Asegúrate de que *yo* sea tu Amo. Hazme tu *primer amor*.

Si desperdicias mucho tiempo y energía intentando impresionar a tus amigos, entonces tus amigos serán tus amos. Si todo lo que piensas es intentar romper tu mejor marcador, entonces el juego es tu amo. Si tu mayor deseo es tener notas perfectas en tu boleta de calificaciones, entonces las calificaciones son tu amo.

Pero los amigos no siempre saben lo que es mejor para ti, los juegos pueden descomponerse, y la escuela no es para siempre. Solamente *yo* soy para siempre. Entrégame tu corazón y déjame ser tu Amo. Mira, yo no te convertiré en mi esclavo; tú eres mi hijo.

PARA CONVERSAR

Un amo es aquello a lo que dedicas tu tiempo, tu energía y tus pensamientos. ¿Qué cosas son como amos? ¿Quién es tu amo? ¿Tienes más de uno? ¿Qué puedes hacer para asegurarte de que Jesús sea el único Amo de tu vida?

Disfruta la aventura

Disponte a jugártela conmigo. Si a eso te estoy llevando, ese es el lugar más seguro. Tu deseo de vivir sin riesgos es una forma de incredulidad. Tu anhelo de vivir cerca de mí no concuerda con tus intentos de minimizar el riesgo. En tu viaje, te estás acercando a una encrucijada. Para seguirme completamente debes renunciar a tu tendencia de jugar a lo seguro.

Déjame guiarte paso a paso en este día. Si tu principal enfoque se encuentra en mí, puedes caminar por los caminos peligrosos sin temor. Finalmente aprenderás a relajarte y a disfrutar nuestro viaje juntos. Mientras permanezcas cerca de mí, mi Presencia soberana te protege adondequiera que vayas.

LEAN JUNTOS

Si alguno me sirve, sígame; y donde yo estuviere, allí también estará mi servidor. Si alguno me sirviere, mi Padre le honrará.

—Juan 12.26

Profundicen en la lectura: Salmos 23.4;
Salmos 9.10

Arriesgado

Disponte a salir de tu zona de comodidad. Arriésgate para jugártela conmigo. Si es así como te estoy guiando, entonces arriesgártela es lo mejor que puedes hacer.

Tú quieres una vida segura, evitar todos los riesgos posibles. Pero arriesgarse es parte de vivir cerca de mí. Intentar vivir sin riesgos me dice que en realidad no confías en mí. Tú tienes que tomar una decisión: ¿seguirás intentando estar a salvo a toda costa? ¿O me seguirás con todo tu corazón?

Puedo pedirte que defiendas a alguien que no puede defenderse, que le digas no a un amigo o que le hables de mí a un extraño. Pero yo te daré la fuerza y la valentía para hacerlo.

La vida conmigo es una aventura. Si te quedas conmigo, no solamente tendrás mi protección, sino aprenderás a relajarte y a disfrutar la aventura. Disponte a seguirme a donde te lleve, incluso a arriesgarte.

PARA CONVERSAR

¿Alguna vez has intentado hacer algo que sabías que estaba bien pero que no era muy divertido? ¿Cuándo hiciste algo muy amable y bueno que te hizo sobresalir de los demás? Aunque haya sido difícil, ¿sentiste bien hacer algo que enorgullecería a Jesús?

Aférrate a la esperanza

Yo anuncio mi Presencia suavemente. Los destellos brillantes de resplandor llaman suavemente a tu consciencia, buscando una entrada. Aunque yo tengo todo el poder en el cielo y en la tierra, soy definitivamente dulce contigo. Entre más débil seas, más dulcemente me acerco a ti. Deja que tu debilidad sea una puerta para mi Presencia. Cuando te sientas deficiente recuerda que yo soy tu *ayuda permanente*.

Espera en mí, y serás protegido de la depresión y de la autocompasión. La esperanza es como un hilo de oro que te conecta con el cielo. Mientras más te aferres a este hilo, más soportaré el peso de tus cargas, y, por ende, te sentirás alivianado. La pesadumbre no corresponde a mi reino. Aférrate a la esperanza, y mis rayos de luz te alcanzarán a través de las tinieblas.

LEAN JUNTOS

Dios es nuestro amparo y fortaleza, nuestro pronto auxilio en las tribulaciones.

—Salmos 46.1

Profundicen en la lectura: Romanos 12.12;
Romanos 15.13

En ocasiones susurro

Yo *siempre* estoy contigo. Aun ahora estoy aquí contigo. ¿Escuchas ese suave susurro en tu mente? Es mío. ¿Escuchas ese dulce llamado en tu corazón? También viene de mí. Yo tengo todo el poder en el cielo y en la tierra. Con mi poder puedo controlar el viento y las olas, pero contigo soy callado y dulce. Y mientras más lastimado estás, más dulce soy.

Cuando los demás te hagan sentir despreciable y solo, espera en mí. Mi esperanza no es solamente desear que las cosas vayan mejor; es mi promesa de que siempre te ayudaré. Yo llevaré por ti tus problemas e iluminaré tu corazón. Yo soy tu ayuda permanente, por lo tanto, nunca estás solo.

PARA CONVERSAR

En Mateo 28.20, Jesús promete estar «siempre contigo». ¿Cómo está contigo? ¿Cómo es que su Presencia, la cual nunca te abandona, te da esperanza y te ayuda?

Quédate cerca de mí

Adórame al vivir cerca de mí. Este fue mi diseño original para el hombre, en quien *suspiré mi propio aliento de vida*. Este es mi deseo para ti: que permanezcas cerca de mí al caminar por la vida. Cada día es una parte importante de ese recorrido. Aunque puedas sentir que no estás yendo a ningún lugar en este mundo, tu caminar espiritual es otro asunto completamente distinto, el cual te lleva por los caminos empinados y peligrosos de la aventura. De ahí que *caminar en la luz de mi Presencia* sea esencial para evitar que tropieces. Al permanecer cerca de mí, te presentas como un *sacrificio vivo*. Incluso la parte más rutinaria de tu día puede ser *un acto espiritual de adoración, santo y agradable a mí*.

LEAN JUNTOS

Así que, hermanos, os ruego por las misericordias de Dios, que presentéis vuestros cuerpos en sacrificio vivo, santo, agradable a Dios, que es vuestro culto racional. No os conforméis a este siglo, sino transformaos por medio de la renovación de vuestro entendimiento, para que comprobéis cuál sea la buena voluntad de Dios, agradable y perfecta.

—Romanos 12.1-2

Profundicen en la lectura: Génesis 2.7; Salmos 89.15

Tu misión secreta

Sacrificio es una palabra difícil de entender. Y es todavía más difícil practicarla. Significa dejar lo que quieres para ti mismo, con el fin de agradar o de ayudar a alguien más. En tu relación conmigo, significa rendir el control de tu vida: dejarme mostrarte la manera en que *yo* quiero que vivas. Adoración es cuando sacrificas tu propia voluntad por la mía, buscando agradarme.

Yo sé que quieres partir en una grandiosa aventura para mí. Pero a veces, las mayores aventuras son aquellas que no vemos. Aunque tu vida diaria pueda parecer rutinaria, tu vida espiritual puede estar envuelta en una enorme misión secreta: escalar una montaña de confianza y descubrir el tesoro de mi Presencia. Cuando vives cerca de mí, estás ofreciéndote como un sacrificio vivo. Esto me agrada y me ayuda a convertir tus días rutinarios en aventuras espirituales de adoración.

PARA CONVERSAR

¿Cuándo ayudaste a alguien más? ¿Has dejado algo que querías para hacer algo por alguien más? ¿Qué han sacrificado tus padres por ti? ¿Cómo se ha sacrificado Jesús por ti?

Busca mi rostro

Ahorra tu mejor esfuerzo para buscar mi rostro. Yo estoy comunicándome constantemente contigo. Tienes que buscarme por sobre todas las cosas para encontrarme y escuchar mi voz. Cualquier cosa que desees más que a mí se convierte en un ídolo. Cuando estás decidido a salirte con la tuya, me borras de tu conciencia. En lugar de perseguir un objetivo enfocado en una meta cualquiera, habla conmigo al respecto. Deja que la luz de mi Presencia resplandezca en esta persecución, de manera que puedas ver desde mi perspectiva. Si la meta encaja en los planes que tengo para ti, yo te ayudaré a alcanzarla. Si es contrario a mi voluntad para ti, gradualmente cambiaré el deseo de tu corazón. *Búscame primero, antes que todo*, y cada parte de tu vida caerá en su lugar.

LEAN JUNTOS

Mas buscad primeramente el reino de Dios y su justicia, y todas estas cosas os serán añadidas.

—Mateo 6.33

Profundicen en la lectura: 1 Crónicas 16.11; Proverbios 19.21

Búscame primero

Yo sé que tienes metas, algunas grandes y otras pequeñas; algunas solo para hoy y otras para toda tu vida. Yo quiero que hables conmigo acerca de cada una de estas metas. No te precipites a zambullirte en lo que tú quieres y luego me pidas que lo bendiga. Cuando estás determinado a ir por tu propio camino, me dejas a mí afuera.

Habla conmigo primero. Déjame ayudarte a ver las cosas desde mi punto de vista. Si tu meta encaja con mi plan para tu vida, yo te ayudaré a alcanzarla. Si va contra mi plan para ti, lentamente cambiaré tu corazón, de modo que te acerques a lo que yo quiero para ti. Búscame primero, y el resto de las piezas de tu vida caerá en su lugar.

PARA CONVERSAR

¿Qué metas tienes para este día y para tu vida? ¿Estás dejando a Jesús fuera de estas metas? ¿Cómo puedes poner en primer lugar a Jesús al orar e invitarlo a mostrarte las metas que tiene para ti?

Un patrón de bien

Confía en mí en cada detalle de tu vida. Nada sucede aleatoriamente en mi reino. *Todo lo que sucede encaja en un patrón para bien, para aquellos que me aman.* En lugar de intentar analizar la complejidad del patrón, enfoca tu energía en confiar en mí y agradecerme en todo tiempo. Nada se desperdicia cuando caminas cerca de mí. Aun tus errores y tus pecados pueden reciclarse y convertirse en algo bueno, mediante mi gracia transformadora.

Mientras todavía vivías en tinieblas, yo comencé a hacer resplandecer la luz de mi Presencia en tu vida manchada por el pecado. Finalmente, *te saqué del lodo hacia mi luz admirable.* Al haber sacrificado mi propia vida por ti, tú puedes confiarme cada faceta de tu vida.

LEAN JUNTOS

Bendito el varón que confía en Jehová, y cuya confianza es Jehová.
—Jeremías 17.7

Profundicen en la lectura: Romanos 8.28, ntv;
Salmos 40.2, ntv; 1 Pedro 2.9

Yo te daré alas

Confíame cada detalle de tu vida. Sí, confíame tu vida, tu salvación... todas las cosas importantes. Pero también confíame tus amistades, tus esperanzas y sueños, incluso tus decisiones acerca de qué ponerte y qué hacer. Nada es demasiado pequeño ni demasiado grande para mí. Después de todo, yo soy el Creador del Monte Everest y del más fino grano de arena.

Estás a salvo conmigo. Tráeme tus errores, yo no me reiré de ti. Tráeme tus pecados, no te los recordaré constantemente. Yo estoy aquí para perdonarte, para animarte y para amarte. Nada se desperdicia cuando me traes todo. Mi gracia puede transformar incluso tus pecados y tus errores en algo asombroso, tal como transformo una oruga en una magnífica mariposa. Confíame todo, y yo te daré «alas» para volar por tu vida.

PARA CONVERSAR

Romanos 8.28 promete que Dios puede transformar incluso tus pecados y tus errores en algo bueno. ¿Esa promesa te ayuda a confiarle a Él todos los detalles de tu vida? ¿Cómo es que confiarle todo a Jesús puede darte «alas» para volar?

Anhelar la perfección

Recuerda que vives en un mundo caído: un mundo anormal contaminado por el pecado. La mayor parte de la frustración y el fracaso es el resultado de buscar la perfección en esta vida. No hay nada perfecto en este mundo más que yo. Es por ello que la cercanía conmigo satisface tus profundos anhelos y te llena de gozo.

Yo he plantado el anhelo por la perfección en cada ser humano. Ese es un buen deseo que solamente yo puedo cumplir. Pero la mayoría de las personas buscan este cumplimiento en otras personas y en placeres o en hazañas terrenales. Entonces, crean ídolos ante los cuales se inclinan. *¡No habrá otros dioses antes que yo!* Hazme el deseo más profundo de tu corazón. Déjame satisfacer tu anhelo por la perfección.

LEAN JUNTOS

No tendrás dioses ajenos delante de mí.

—Éxodo 20.3

PROFUNDICEN EN LA LECTURA:
ROMANOS 8.22; SALMOS 37.4

Buscar la perfección

Yo creé a cada persona, incluso a ti, con un anhelo de perfección. La mayoría de las personas intentan llenar este anhelo con las cosas de este mundo. Intentan tener las cosas más geniales y las últimas modas. Intentan ser las más populares de su clase, o la estrella en el campo de juego o en el escenario. Algunas incluso prueban drogas o alcohol.

Algunas personas hacen todo para intentar llenar ese anhelo, pero no se acercan a mí. Cualquier cosa que sea tu mayor deseo, aquello que adores con tu tiempo y tu atención, se convierte en tu dios, tu ídolo. ¡Pero no debes tener otros dioses antes de mí! Solamente *yo* soy Dios. Solamente *yo* soy digno de tu adoración y tu alabanza. Y solamente *yo* puedo llenar tu anhelo de perfección.

PARA CONVERSAR

¿Por qué Dios nos dice que solamente Él necesita ser el primero en nuestra vida? ¿Por qué es más importante hacer lo que Dios quiere hacer que lo que tú quieres hacer? Lee los Diez Mandamientos. ¿Qué nos dice Dios que pongamos primero?

Ora mi nombre

Encuéntrame en medio de la vorágine. En ocasiones, los eventos se arremolinan a tu alrededor tan rápidamente que se esfuman. Susurra mi nombre, reconociendo que yo sigo estando contigo. Al orar mi nombre encuentras fuerza y paz, sin perderte un segundo de las actividades que te ocupan. Más tarde, cuando hayan sucedido las cosas, puedes hablar conmigo detenidamente.

Acepta cada día como venga. No pierdas tiempo y energía deseando un conjunto de circunstancias diferentes. En cambio, confía en mí lo suficiente como para rendirte a mi diseño y a mis propósitos. Recuerda que nada puede separarte de mi dulce Presencia; *tú eres mío*.

LEAN JUNTOS

Por lo cual Dios también le exaltó hasta lo sumo, y le dio un nombre que es sobre todo nombre, para que en el nombre de Jesús se doble toda rodilla de los que están en los cielos, y en la tierra, y debajo de la tierra; y toda lengua confiese que Jesucristo es el Señor, para gloria de Dios Padre.

—Filipenses 2.9-11

Profundicen en la lectura: Salmos 29.11; Isaías 43.1

Una palabra

Algunos días te hacen sentir como Dorothy, dando vueltas en medio de un tornado y aterrado de caerte en cualquier momento. Cuando eso suceda, susurra mi nombre.

Jesús.

Esa sencilla palabra te ayudará a recordar que yo estoy justo a tu lado. Una simple palabra declara que *sabes* que yo soy Señor de todo y que tengo control de todo. Una palabra abre tu corazón a mi poder y mi paz en medio de la tormenta.

Siempre recuerda... yo estoy a una sola palabra de distancia.

PARA CONVERSAR

Piensa en algo que esté preocupándote. Ahora cierra los ojos y susurra el nombre Jesús. ¿Puedes sentir su Presencia a tu lado para ocuparse de aquello que te es muy grande para manejar?

Verdadero gozo

Recuerda que el gozo no depende de tus circunstancias. Algunas de las personas más miserables del mundo son aquellas cuyas circunstancias parecen ser las más envidiables. La gente que alcanza la cima de su carrera, a menudo es sorprendida con un vacío que le está esperando. El verdadero gozo es un resultado de vivir en mi Presencia. Por lo tanto, tú puedes experimentarla en palacios, en prisiones... en todos lados.

No juzgues un día como carente de gozo, solo porque en él haya dificultades. En cambio, concéntrate en permanecer comunicado conmigo. Muchos de los problemas que pelean por tu atención se resolverán por sí mismos. Existen otros asuntos con los que debes lidiar, pero yo te ayudaré con ellos. Si haces que resolver problemas venga después de vivir cerca de mí en prioridad, podrás encontrar gozo aun en los días más difíciles.

LEAN JUNTOS

Alabanza y magnificencia delante de él; poder y alegría en su morada.

—1 Crónicas 16.27

Profundicen en la lectura: Habacuc 3.17-19

La felicidad es diferente del gozo

La felicidad y el gozo no son lo mismo.

La *felicidad* depende de este mundo, de lo que sucede a tu alrededor. La felicidad es cuando dominas la prueba, o cuando haces el tiro ganador, o cuando te diriges a unas vacaciones a la playa con tu mejor amigo. Depende de que todo esté bien. La felicidad es asombrosa, pero dura solamente poco tiempo.

Pero el *gozo*, el verdadero gozo, es algo completamente diferente. El gozo no depende de este mundo, o de si estás teniendo un buen día; depende de *mí*. Gozo es saber que yo tengo el control, que te amo y te cuidaré, aun cuando repruebes el examen, o hagas el tiro de vencida, o tu familia no pueda costear unas vacaciones. Permanece cerca de mí, y yo te daré mi gozo en cada situación.

PARA CONVERSAR

¿Cómo explicarías la diferencia entre el gozo y la felicidad? Da algunos ejemplos de tu propia vida. ¿Cómo es que depender de Jesús puede darte gozo, sin importar lo que esté sucediendo en tu vida?

El camino de la montaña

Continúa caminando conmigo por el camino que yo he elegido para ti. Tu deseo de vivir cerca de mí deleita mi corazón. Yo podría darte instantáneamente las riquezas espirituales que deseas, pero no es lo que hago por ti. Juntos, forjaremos un camino hacia lo alto de la montaña. El recorrido en ocasiones es arduo, y tú eres débil. Algún día danzarás con pies ligeros en los picos altos; pero por ahora, tu caminar a menudo es laborioso y pesado. Todo lo que yo requiero de ti es que des el siguiente paso, sujetándote de mi mano para obtener fuerza y dirección. Aunque por el momento el camino sea difícil y el escenario sombrío, hay sorpresas refulgentes a la vuelta de la esquina. Permanece en el camino que yo he elegido para ti. Este es verdaderamente el *camino de la vida.*

LEAN JUNTOS

Por Jehová son ordenados los pasos del hombre, y él aprueba su camino. Cuando el hombre cayere, no quedará postrado, porque Jehová sostiene su mano.

—Salmos 37.23-24

PROFUNDICEN EN LA LECTURA:
ISAÍAS 40.31; SALMOS 16.11

El viaje

Nos encontramos juntos en un asombroso viaje. Aunque la meta final sea el cielo, hay muchas aventuras a lo largo del camino.

Hay puntos altos, tales como ayudar a un amigo a aprender acerca de mí. Hay puntos bajos cuando luchas con tus propias preguntas y dudas. Hay cambios alocados cuando las cosas del mundo te distraen y te tientan. A veces el escenario a tu alrededor es hermoso, y me ves obrar en maneras asombrosas. En ocasiones el escenario es aterrador, como cuando tienes que defender a solas lo que es correcto. Pero no importa en qué parte del recorrido te encuentres, yo estoy ahí contigo.

En los buenos tiempos, saltamos por las cumbres. En los tiempos difíciles, yo te sostengo de la mano y evito que te caigas. Pero en todo tiempo, yo estoy junto a ti mientras recorremos el camino de la vida.

PARA CONVERSAR

¿En qué se parece tu vida a un viaje? ¿Has visto los puntos altos, los puntos bajos y los cambios? ¿Cómo te ha ayudado Jesús en tu viaje? ¿Cómo el hecho de que Él nunca te deje te hace sentir acerca del viaje por venir?

Deléitate en mí

Busca agradarme por sobre todas las cosas. A lo largo de este día habrá muchas decisiones que tomar. La mayoría de las decisiones del día serán decisiones pequeñas que tendrás que tomar rápidamente. Necesitas una regla de oro que te ayude a tomar buenas decisiones. Las decisiones de muchas personas son una combinación de sus responsabilidades habituales y de su deseo por agradarse a sí mismos y agradar a los demás. Este no es el camino que tengo para ti. Busca agradarme en todo, no solamente con las decisiones más grandes. Esto es posible solamente en la medida en que vivas en cercana comunión conmigo. Cuando mi Presencia sea tu deleite más profundo, sabrás casi por instinto lo que me agrada. Una rápida *mirada* es todo lo que necesitas para tomar la decisión correcta. *Deléitate en mí* cada vez más; busca agradarme en todo lo que hagas.

LEAN JUNTOS

Porque el que me envió, conmigo está; no me ha dejado solo el Padre, porque yo hago siempre lo que le agrada.

—Juan 8.29

Profundicen en la lectura:
Hebreos 11.5-6; Salmos 37.4

Decisiones, decisiones

Intenta agradarme *primero* a mí. Antes que a ti mismo. Antes que a los demás.

A medida que pase el día, tendrás muchas decisiones que tomar. La mayoría serán decisiones pequeñas, decisiones diarias que tendrás que tomar rápidamente: qué ponerte, con quién sentarte en el almuerzo, sobre qué hacer tu reporte de lectura.

Mucha gente toma sus decisiones por hábito: deciden hacer lo mismo que hacen siempre. O deciden hacer las cosas que les agradan o que les agradan a los demás. Esto no es lo que yo quiero de ti. Decide agradarme: en tus grandes decisiones y también en las pequeñas.

Cuando tu más grande deseo sea agradarme, tomar las decisiones correctas será más fácil. Una rápida oración de una sola palabra, «*Jesús*», es todo lo que necesitas para clamar por mi ayuda y mi dirección. Busca agradarme en todo lo que hagas.

PARA CONVERSAR

¿Cómo tomas decisiones, las pequeñas y las grandes? ¿Intentas agradarte a ti mismo, a los demás o a Jesús? ¿Cómo puedes asegurarte de que primero estés intentando agradar a Jesús?

ESTAR SOBRE TUS ALTURAS

TE ESTÁS SINTIENDO APESADUMBRADO por la plétora de problemas, tanto grandes como pequeños. Parece que estos toman cada vez más tu atención, pero no debes rendirte a esas demandas. Cuando sientas como si las dificultades de tu vida te asediaran, libérate al pasar tiempo dedicado conmigo. Necesitas recordar quién yo soy en todo mi poder y mi gloria. Luego tráeme con humildad tus oraciones y peticiones. Tus problemas se opacarán cuando los veas a la luz de mi Presencia. Tú puedes aprender a *regocijarte en mí, tu Salvador,* aun en medio de las circunstancias adversas. Apóyate en mí, *tu Fuerza; yo hago tus pies como los de ciervas, permitiéndote estar sobre tus alturas.*

LEAN JUNTOS

Y respondió Dios a Moisés: YO SOY EL QUE SOY. Y dijo: Así dirás a los hijos de Israel: YO SOY me envió a vosotros.
—ÉXODO 3.14

PROFUNDICEN EN LA LECTURA: SALMOS 63.2;
HABACUC 3.17-19

Suéltate

Hay ocasiones en que sientes como si te hundieras en tus problemas. Sientes que no puedes tomar un respiro. Hay un problema de matemáticas que no puedes resolver, una jugada que no te sale bien, ese problema familiar que solo empeora y empeora. Es todo en lo que puedes pensar.

Ayúdate a soltarte de las batallas. Sal a buscar un lugar tranquilo. Toma un profundo respiro y entrégame en humildad tus pensamientos. Recuerda quién yo soy en todo mi poder y mi gloria. Yo haré resplandecer la luz de mi Presencia sobre tus problemas. Te ayudaré a verlos como son en realidad. Y te daré gozo, a pesar de tus problemas. Juntos podemos manejar todo.

PARA CONVERSAR

¿Existen problemas que necesites entregarle a Jesús en oración? ¿Qué significa ver tus problemas como Jesús los ve? ¿En qué sentido ver tus problemas a través de los ojos de Jesús puede ayudarte a manejarlos mejor e incluso encontrar gozo en ellos?

FUERZA DE SOBRA

YO SOY TU FUERZA Y TU ESCUDO. Yo planeo cada día y lo tengo listo para ti antes de que te levantes de la cama. Además te proveo de la fuerza que necesitas en cada paso del camino. En lugar de evaluar tu nivel de energía y preguntarte por lo que está por delante en el camino, concéntrate en permanecer en contacto conmigo. Mi poder fluye libremente hacia ti mediante una comunicación abierta. Rehúsate a perder energía preocupándote, y tendrás fuerza de sobra.

Cuando comiences a sentirte temeroso, recuerda que yo soy tu escudo. Pero a diferencia de una armadura inanimada, yo siempre estoy alerta y activo. Mi Presencia te cuida continuamente, protegiéndote de los peligros conocidos y los desconocidos. Entrégate a mi cuidado, que es el mejor sistema de seguridad que existe. *Yo estoy contigo y te cuidaré adondequiera que vayas.*

LEAN JUNTOS

Jehová es mi fortaleza y mi escudo; en él confió mi corazón, y fui ayudado, por lo que se gozó mi corazón, y con mi cántico le alabaré.

—SALMOS 28.7

PROFUNDICEN EN LA LECTURA: MATEO 6.34;
SALMOS 56.3-4; GÉNESIS 28.15

El mejor sistema de seguridad que existe

Yo soy tu fuerza y tu escudo. Yo estoy ahí, mucho antes de que salgas de la cama cada mañana, preparando y planeando tu día. En lugar de preguntarte qué sucederá y de preocuparte por cómo lo manejarás, háblame al respecto. Yo ya lo tengo todo resuelto. Si me pides ayuda, mi fuerza fluirá libremente hacia ti. Será suficientemente fuerte para enfrentar lo que venga.

Si comienzas a sentir temor, recuerda que yo soy tu escudo. No soy solamente una pieza de metal frío; estoy vivo y siempre alerta. Yo te cuido a cada minuto, protegiéndote de los peligros conocidos y los desconocidos. Yo nunca duermo, nunca me tomo un descanso, nunca me distraigo.

Entrégate a mi fuerza y a mi escudo, ¡yo soy el mejor sistema de seguridad que encontrarás!

PARA CONVERSAR

¿Qué hace un escudo? ¿En qué sentido es Jesús tu escudo? ¿Cómo es que su escudo te da valentía y fuerza, así como protección?

INNEGABLEMENTE LIBRE

CAMINA CONMIGO en la libertad del perdón. El camino que seguimos juntos en ocasiones es escarpado y resbaladizo. Es más probable que tropieces y caigas si llevas una carga de culpabilidad sobre tu espalda. A tu petición, yo removeré la pesada carga y la enterraré al pie de la cruz. Cuando yo te quite la carga, ¡serás innegablemente libre! Levántate erguido en mi Presencia, de forma que nadie más pueda colocar más cargas en tu espalda. Mira mi rostro y siente la calidez de mi luz de amor que resplandece sobre ti. Es este amor incondicional el que te libra de los temores y los pecados. Pasa tiempo disfrutando a tope a la luz de mi Presencia. A medida que me conozcas cada vez más íntimamente, serás cada vez más libre.

LEAN JUNTOS

¡Alaben al Señor, alaben a Dios nuestro salvador! Pues cada día nos lleva en sus brazos.

—SALMOS 68.19, NTV

PROFUNDICEN EN LA LECTURA: 1 JUAN 1.7-9;
1 JUAN 4.18

Eres libre

Yo te veo con un montón de cargas: culpabilidad por algo que le dijiste a tu mamá o a tu papá, ira por la traición de un amigo, tristeza por una desilusión. Yo no te creé para caminar con cargas tan pesadas. Estas te jalan y te hacen tropezar.

Cuando estás llevando una carga tan pesada, eres más vulnerable de caer. Cuando estás arrastrándote por ahí con culpabilidad e ira, eres más propenso al pecado, al hacer o decir algo que no deberías.

Yo quiero que me des a mí tus cargas. Solamente entrégamelas sin mirar atrás. Es por ello que morí en la cruz: para hacerte libre de tus cargas. Déjame llevármelas con mi perdón. ¡Déjame hacerte libre!

PARA CONVERSAR

¿En qué sentido los sentimientos de ira, culpabilidad y tristeza son como cargas? ¿Puedes confiar en que Jesús se llevará tus cargas? ¿Hay cargas que tengas que entregarle a Jesús?

Diseñado para necesitarme

Tus necesidades y mis riquezas son un conjunto perfecto. Nunca deseé que fueras autosuficiente. En cambio, te diseñé para que me necesitaras, no solamente para tu pan diario, sino también para el cumplimiento de tus profundos anhelos. Yo realicé cuidadosamente tus anhelos y tus sentimientos de imperfección para que te llevaran hacia mí. Por lo tanto, no intentes enterrar ni negar estos sentimientos. Cuidado con intentar pacificar estos anhelos con dioses inferiores: gente, posesiones, poder.

Acércate a mí en tu necesidad, con las defensas bajas y con un deseo de ser bendecido. Cuando pases tiempo conmigo, tus anhelos más profundos serán suplidos. Regocíjate en tu necesidad, la cual te permite encontrar una íntima completud en mí.

LEAN JUNTOS

Para que sean consolados sus corazones, unidos en amor, hasta alcanzar todas las riquezas de pleno entendimiento, a fin de conocer el misterio de Dios el Padre, y de Cristo, en quien están escondidos todos los tesoros de la sabiduría y del conocimiento.

—Colosenses 2.2-3

Profundicen en la lectura:
Filipenses 4.19; Salmos 84.11-12

Regocíjate cuando tengas necesidad

Tus necesidades y mis riquezas son un conjunto perfecto: son como las piezas de un rompecabezas que se unen para formar una hermosa imagen.

Yo no te hice para que «anduvieras solo», haciéndolo todo por ti mismo. Yo te diseñé para necesitarme, no solamente para tu pan diario, sino también para llenar ese profundo vacío en tu interior. Yo creé ese vacío para que te condujera hacia mí. Es parte de mi plan. No intentes pretender que el vacío no existe. Y no intentes llenarlo con los dioses menores de este mundo: la gente, las posesiones y el poder.

Acércate a mí con todas tus necesidades. Baja tus defensas y busca mis bendiciones. Cuando pasas tiempo conmigo, tu vacío se llena con mi amor, mi gozo y mi paz. Regocíjate cuando tengas necesidad: eso te ayuda a ser llenado de mí.

PARA CONVERSAR

¿En qué formas necesitas a Jesús todos los días? Menciona cinco maneras en que Jesús ha estado ahí para ti en el pasado. Menciona cinco maneras en que necesitas a Jesús hoy y en el futuro.

Seguro y a salvo

Quiero que sepas que estás seguro y a salvo en mi Presencia. Ese es un hecho completamente independiente de tus sentimientos. Te encuentras de camino al cielo; nada puede evitar que alcances ese destino. Ahí me verás cara a cara, y tu gozo será fuera de los límites terrenales. Ni siquiera ahora estás separado de mí, aunque debas verme con los ojos de la fe. Yo caminaré contigo hasta el final del tiempo y hacia la eternidad.

Aunque mi Presencia sea una promesa garantizada, eso no necesariamente cambia tus sentimientos. Cuando olvidas que yo estoy contigo, podrías experimentar soledad o temor. Es al estar consciente de mi Presencia que la paz desplaza los sentimientos negativos. Practica la disciplina de caminar conscientemente conmigo cada día.

LEAN JUNTOS

Jehová dará poder a su pueblo; Jehová bendecirá a su pueblo con paz.

—Salmos 29.11

Profundicen en la lectura: Juan 10.28-29;
1 Corintios 13.12

Estás a salvo conmigo

Estás completamente a salvo y seguro en mi Presencia, aunque no lo sientas así. Nunca estás separado de mí, porque yo nunca te dejo.

Cuando olvidas que yo estoy contigo, puedes sentirte solo o temeroso. Si eso sucede, haz una oración o susurra mi nombre: «Jesús». Esto te recordará que continúo estando a tu lado. A medida que te enfoques en mí, yo reemplazaré tu soledad y tu temor con mi paz.

Aunque ahora mi paz sea asombrosa, no es nada comparada con el cielo. En el cielo seguiré estando a tu lado, pero tu podrás *verme*. Tú y yo hablaremos cara a cara. ¡Y tu gozo será más grande y mejor de lo que puedes imaginar!

PARA CONVERSAR

¿Alguna vez olvidas que Jesús está contigo? ¿Cuándo sucede? ¿Qué puedes hacer para recordarte que Jesús siempre está ahí contigo? ¿Qué puedes hacer para imaginar cómo será ver a Jesús cara a cara?

Paz en tu corazón

Yo he prometido *satisfacer todas tus necesidades conforme a mis riquezas en gloria.* Tu más profunda y más constante necesidad es de mi paz. Yo he plantado paz en el huerto de tu corazón, donde vivo; pero ahí también hay maleza: orgullo, preocupación, egoísmo, incredulidad. Yo soy el jardinero, y estoy trabajando para quitar aquellas malas hierbas de tu corazón. Yo trabajo en maneras diversas. Cuando te sientas en silencio conmigo, yo hago resplandecer la luz de mi Presencia directamente en tu corazón. La paz crece abundantemente, y la mala hierba se seca en esta luz celestial. También envío pruebas a tu vida. Cuando confías en mí en medio de la prueba, la paz florece y la maleza se marchita. Agradéceme por estas situaciones problemáticas; la paz que pueden producir *sobrepasa por mucho* las pruebas que atraviesas.

LEAN JUNTOS

Porque esta leve tribulación momentánea produce en nosotros un cada vez más excelente y eterno peso de gloria.

—2 Corintios 4.17

Profundicen en la lectura: Filipenses 4.19; 2 Tesalonicenses 3.16

Deshacerse de la maleza

Yo te prometo satisfacer todas tus necesidades. Y aunque quizá no te des cuenta, lo que más necesitas es mi paz.

Yo soy el jardinero de tu corazón, quien planta semillas de paz. Pero este mundo también arroja sus semillas. Estas semillas se convierten en las malas hierbas del orgullo, la preocupación y el egoísmo. Si la mala hierba no se arranca rápidamente, ahogará toda tu paz.

Yo me deshago de estas semillas en maneras diferentes. En ocasiones, cuando te sientas tranquilamente en oración, mi luz resplandece sobre la mala hierba y esta se marchita. Pero en otras ocasiones, utilizo los problemas para animarte a confiar en mí. Y esa confianza mata la mala hierba.

Agradéceme por tus problemas, así como por tus deleites. Porque yo utilizo ambos para hacer de tu corazón un huerto de paz.

PARA CONVERSAR

¿En qué sentido es Jesús un jardinero para tu corazón? ¿Existen malas hierbas de orgullo, preocupación, egoísmo o duda en tu vida? ¿Cómo arrancas esas malas hierbas? ¿Qué sucedería si permitieras que la luz de Jesús resplandeciera sobre ellas?

Acción de gracias

Agradéceme por esas cosas que te están molestando. Te encuentras en el borde de la rebelión, precariamente cerca de lanzarme un puñetazo en la cara. Te sientes tentado a entregarte un poco a la queja por mi tratamiento. Pero una vez que pasas esa línea, torrentes de ira y de autocompasión podrían barrerte. La mejor protección contra esta indulgencia es la acción de gracias. Es imposible agradecerme y maldecirme a la vez.

Agradecerme por las pruebas, al principio parecerá incómodo y artificioso. Pero si persistes, tus palabras de agradecimiento, cuando las ores en fe, finalmente harán una diferencia en tu corazón. La acción de gracias te despierta a mi Presencia, la cual opaca todos tus problemas.

LEAN JUNTOS

Regocijaos en el Señor siempre. Otra vez digo: ¡Regocijaos! Vuestra gentileza sea conocida de todos los hombres. El Señor está cerca. Por nada estéis afanosos, sino sean conocidas vuestras peticiones delante de Dios en toda oración y ruego, con acción de gracias.

—Filipenses 4.4-6

Profundicen en la lectura:
Salmos 116.17; Salmos 100.2

Tu mejor protección

Yo siempre estoy cerca. Sé que en ocasiones puedes enojarte conmigo, incluso podrías desear darme un puñetazo. Te sientes tentado a quejarte por la manera en que estoy tratando contigo. Quieres rebelarte contra mí. Pero es algo peligroso. Una vez que cruces esa línea, ríos de ira y de autocompasión podrían barrerte.

Tu mejor protección es agradecerme por las cosas que te están molestando. Mira, es imposible que me agradezcas y te quejes a la vez. Al principio podrías sentirte extraño al agradecerme cuando estás enfadado conmigo. Pero sigue intentándolo. Tus palabras de agradecimiento, oradas en fe, cambiarán tu corazón y te acercarán más a mí.

PARA CONVERSAR

¿Te has enfadado con Jesús? ¿Cómo puede cambiar tu corazón agradecerle aunque las cosas no estén marchando como deseas? Agradécele ahora mismo a Jesús, sin importar cómo te sientas. En esta oración, no pidas nada. No te quejes. Solo agradécele.

APÓYATE SOLAMENTE EN MÍ

Yo TE AYUDARÉ este día. Los desafíos que enfrentas son demasiado grandes para que tú los soluciones. Te vuelves perfectamente consciente de tus limitaciones a la luz de los eventos que enfrentas. Estar consciente de ello te abre a una decisión: empeinarte en hacerlo solo o caminar conmigo en pasos humildes de dependencia. De hecho, esta decisión se encuentra continuamente frente a ti, pero las dificultades resaltan el proceso de toma de decisiones. Así que, *ten sumo gozo cuando te encuentres en diversas pruebas.* Estos son regalos míos que te recuerdan que debes apoyarte solamente en mí.

LEAN JUNTOS

Porque has sido mi socorro, y así en la sombra de tus alas me regocijaré. Está mi alma apegada a ti; tu diestra me ha sostenido.

—SALMOS 63.7-8

PROFUNDICEN EN LA LECTURA: SALMOS 46.1;
SANTIAGO 1.2-3, NTV

No lo hagas solo

Es un hecho sencillo: no puedes hacerlo solo. Más importante aún, no *tienes que* hacerlo solo. Depende de ti.

Sí, habrá días en que todo marche como tú lo planeaste. Tienes todo bajo control y estás viviendo en la cima del mundo. Y entonces, ¡bam! Un problema, un *gran* problema, se acerca y te arrebata el control que creías tener. Una enfermedad, un accidente, algo que no veías venir.

Sabes que necesitas ayuda. Déjame ayudarte. Yo ya conozco las respuestas. Permíteme guiarte a ellas. Pero primero tienes que decidir: ¿lo harás obstinadamente solo? ¿O en humildad te acercarás a mí y me permitirás ayudarte? Por favor, escógeme a mí.

PARA CONVERSAR

¿Alguna vez has sentido temor, o tristeza, o soledad? Y luego alguien a quien amas se acercó y te tomó de la mano. De pronto, ya no te sentías tan mal. Extiende tu mano y deja que Jesús venza tus problemas, la tristeza, la ira y la soledad.

Construye tu casa sobre la roca

Yo te hablo desde la profundidad de los cielos. Tú me escuchas en las profundidades de tu ser. *Un abismo llama a otro abismo.* Tú tienes la bendición de escucharme tan directamente. Nunca des por sentado este privilegio. La mejor respuesta es un corazón que exuda gratitud. Te estoy entrenando para cultivar una mentalidad de agradecimiento. Es como *construir tu casa sobre una roca firme en que las tormentas de la vida no te pueden sacudir.* A medida que aprendas estas lecciones, debes enseñárselas a los demás. Yo te abriré el camino, un paso a la vez.

LEAN JUNTOS

Cualquiera, pues, que me oye estas palabras, y las hace, le compararé a un hombre prudente, que edificó su casa sobre la roca. Descendió lluvia, y vinieron ríos, y soplaron vientos, y golpearon contra aquella casa; y no cayó, porque estaba fundada sobre la roca.

—Mateo 7.24-25

Profundicen en la lectura: Salmos 42.7-8; Salmos 95.1-2

¿Roca o arena?

El hombre sabio que construye su casa sobre la roca puede sobrevivir con seguridad a las tormentas. Y el hombre insensato que construye su casa sobre la arena... bueno, ¡su casa hace *plas!*

Pero a veces en este mundo puede resultar difícil averiguar qué es roca y qué es arena. El mundo te dice una cosa primero y luego otra. En ocasiones los maestros dicen una cosa y tus padres otra. ¿Cómo puedes saber qué es roca y qué es arena?

Yo soy la Roca. Acércate a mí en oración, y yo te mostraré lo que es verdadero, en lo que puedes confiar, lo que es real. Pídele a mi Espíritu que te guíe cuando estudias mi Palabra. Construye tu casa sobre la Roca de mi Palabra. Y luego confía en que yo te ayudaré a permanecer firme cuando vengan las tormentas... porque lo haré.

PARA CONVERSAR

En Mateo 7, Jesús cuenta la historia de un edificio construido sobre la roca y otro sobre la arena. En esta parábola, ¿qué es la arena? ¿Qué es la roca? ¿Cómo puedes construir tu vida en la Roca de Jesús?

Desconéctate

Reposa en pastos delicados de paz. Aprende a relajarte, cuando sea posible, descansando en la Presencia de tu Pastor. Esta era electrónica mantiene a mis hijos «conectados» la mayor parte del tiempo, demasiado tensos como para buscarme de momento a momento. Yo coloqué en tu ser la necesidad de descansar. ¡El mundo se ha vuelto tan torcido que la gente se siente culpable de satisfacer esta necesidad básica! Cuánto tiempo y energía desperdician al estar siempre de prisa, en lugar de tomar tiempo para buscar mi dirección en su vida.

Yo te he llamado a caminar conmigo por las *sendas de paz*. Quiero que abras camino para que los demás deseen vivir en mi tranquila Presencia. Yo no te escogí tanto por tus fortalezas, sino por tus debilidades, las cuales amplifican tu necesidad de mí. Depende cada vez más de mí, y yo haré llover paz en todos tus caminos.

LEAN JUNTOS

Y acabó Dios en el día séptimo la obra que hizo; y reposó el día séptimo de toda la obra que hizo. Y bendijo Dios al día séptimo, y lo santificó, porque en él reposó de toda la obra que había hecho en la creación.

—Génesis 2.2-3

PROFUNDICEN EN LA LECTURA: SALMOS 23.1-3;
LUCAS 1.79

Conectado

La televisión, los teléfonos celulares, la Internet: esta era electrónica te mantiene «conectado» la mayor parte del tiempo. Cuando eres un aparato electrónico, es bueno estar conectado. Pero cuando eres un ser humano, estar conectado puede ser agotador. Además, eso te dificulta encontrarme de momento a momento.

Yo te creé con una necesidad para descansar. En la creación, yo incluso te di el ejemplo del descanso cuando tomé un respiro de todo mi trabajo. Pero el mundo se ha torcido tanto que te hace sentir culpable por tomarte tiempo para descansar. Esta es una artimaña del diablo. Si él puede lograr mantenerte «conectado» la mayor parte del tiempo, demasiado ocupado como para detenerte a buscarme, entonces él gana.

Dile al diablo que se largue. Luego recuéstate, cierra los ojos y susurra: «Jesús, ayúdame a descansar». Yo te cubriré con una frazada de paz y te cuidaré mientras descansas conmigo.

PARA CONVERSAR

¿Cuánto tiempo al día pasas «conectado»? ¿Alguna vez piensas que necesitas tiempo para solamente descansar? ¿Qué puedes hacer para hacer tiempo para desconectarte y hallar descanso en Jesús?

Vive en mi amor

Busca vivir en mi amor, que *cubre multitud de pecados:* tanto los tuyos como los de los demás. Vístete de mi amor como si fuera un manto de luz que te cubre de la cabeza a los pies. No tengas temor, porque *el perfecto amor echa fuera el temor.* Mira a los demás a través de las lentes del amor; velos desde mi perspectiva. Así es como caminas en la luz, y eso me agrada.

Yo quiero que mi cuerpo de creyentes brille radiante con la luz de mi Presencia. ¡Cómo me lastima cuando vislumbres de tinieblas opacan cada vez más mi luz de amor! ¡Regresa a mí, a tu *primer amor*! Mírame en el esplendor de la santidad, y mi amor volverá a envolverte de luz.

LEAN JUNTOS

Y ante todo, tened entre vosotros ferviente amor; porque el amor cubrirá multitud de pecados.

—1 Pedro 4.8

Profundicen en la lectura:
1 Juan 4.18; Apocalipsis 2.4

El amor se ocupa de todo

El amor es la clave de mi reino. Quiero que me ames por sobre todo, con todo tu corazón, tu mente, tu cuerpo y tu alma. Cuando eso sucede, te abres para recibir mi amor por ti. Y mi amor lo cambia todo.

Mi amor *cubre multitud de pecados*, tanto tus pecados como aquellos de los demás. Esto significa que una vez que me traigas tus pecados, estos son perdonados y olvidados por completo. Además significa que podrás perdonar a los demás, porque los verás a través de los ojos de mi amor. Por ejemplo, serás capaz de ver más allá de las palabras de odio de los bravucones, y verás a alguien que se siente mal consigo mismo. Cuando alguien mienta, verás más que solo mentiras: verás a una persona que teme decir la verdad.

Escoge ver a los demás a través de los ojos de mi amor. Y mi amor se ocupará de todo.

PARA CONVERSAR

¿Cómo es que el amor puede cubrir «multitud de pecados»? Si tuvieras que ver a la gente a través de los ojos del amor de Jesús, ¿cómo cambiaría tu forma de verla? ¿Eso te ayudaría a perdonar a quienes te han lastimado?

Enfócate en mí

Hazme tu punto focal a medida que avanzas en este día. Tal como una bailarina que da vueltas debe regresar la mirada a cierto lugar para mantener el equilibrio, tú debes mantener tu enfoque en mí. Las circunstancias cambian constantemente, y el mundo parece remolinear a tu alrededor. La única manera de mantener tu equilibrio es *fijar tu mirada en mí, Aquel que nunca cambia.* Mirar demasiado tus circunstancias te provocará vértigo y te confundirá. Mírame a mí, refrescándote en mi Presencia, y tus pasos serán firmes y seguros.

LEAN JUNTOS

Puestos los ojos en Jesús, el autor y consumador de la fe, el cual por el gozo puesto delante de él sufrió la cruz, menospreciando el oprobio, y se sentó a la diestra del trono de Dios.

—Hebreos 12.2

Profundicen en la lectura:
Salmos 102.27; 1 Juan 3.19-20

En la dirección correcta

Cuando aprendes a andar en bicicleta, rápidamente aprendes a mantener tus ojos hacia donde quieres que se dirija la bicicleta. Si desvías la mirada, será probable que te vayas en otra dirección... ¡y que te vayas a una zanja o choques contra un árbol! Tu bicicleta se dirige a donde se dirigen tus ojos.

Tus pensamientos funcionan muy parecido. Mantén tus pensamientos puestos en mí y en mi voluntad para ti. La gente y las situaciones cambian todo el tiempo. Y el mundo se arremolina alrededor como si fuera una escena que pasa por la ventanilla de un coche. Si te enfocas demasiado en el mundo, te mareas y te confundes. Pero yo nunca cambio. Mantén tus pensamientos puestos en mí, y yo seguiré moviéndote en la dirección correcta.

PARA CONVERSAR

¿Qué sucede cuando dejas que el mundo se convierta en el enfoque de tus pensamientos? ¿Es confuso? ¿Cómo puedes concentrar tus pensamientos en Jesús? ¿Cómo cambia tu vida cuando decides enfocar en Jesús tus pensamientos en lugar de en el mundo?

REFLEJA MI LUZ

YO SOY LA LUZ DEL MUNDO. Los hombres se arrastran por la vida maldiciendo las tinieblas, pero yo estoy resplandeciendo fuertemente todo el tiempo. Deseo que cada uno de mis seguidores sea un portador de luz. El Espíritu Santo, que vive en ti, puede brillar a través de tu rostro, haciéndome visible a la gente que te rodea. Pídele a mi Espíritu que viva a través de ti mientras te encaminas en este día. Sostenme de la mano con una confianza gozosa, porque yo nunca me alejo de ti. Que la luz de mi Presencia resplandezca sobre ti. Ilumina el mundo al reflejar quien yo soy.

LEAN JUNTOS

Vosotros sois la luz del mundo; una ciudad asentada sobre un monte no se puede esconder. Ni se enciende una luz y se pone debajo de un almud, sino sobre el candelero, y alumbra a todos los que están en casa. Así alumbre vuestra luz delante de los hombres, para que vean vuestras buenas obras, y glorifiquen a vuestro Padre que está en los cielos.

—MATEO 5.14-16

PROFUNDICEN EN LA LECTURA: JUAN 8.12;
2 CORINTIOS 3.18; ÉXODO 3.14

Sé una luz

Este mundo está lleno de tinieblas. Pero yo soy la luz del mundo. Cuando decides seguirme, mi Espíritu Santo que vive dentro de ti resplandecerá a través de tu rostro. Toma mi luz y llévala al mundo que te rodea.

Sé mis manos al ayudar a los demás, y ámalos con mi amor. Pídele a mi Espíritu que viva a través de ti, a medida que caminas por este día. Tómame de la mano con gozo en tu corazón, confiando en que yo nunca me alejo de tu lado. La luz de mi Presencia está resplandeciendo sobre ti. Alumbra el mundo a tu alrededor reflejando esta luz, *mostrándome* a los demás.

PARA CONVERSAR

¿En qué maneras es Jesús la luz del mundo? ¿De tu vida? ¿Cómo brilla Él *en* ti y *a través de* ti? ¿De qué formas puedes reflejar su luz y compartirla con el mundo?

Experimenta paz y gozo con los
devocionales de 365 días de *Sarah Young*

Jesús siempre
Descubre el gozo en Su presencia
ISBN 9780718093112

Jesús te llama
Encuentra paz en Su presencia
ISBN 9781602554191

Con escrituras y reflexiones diarias inspiradoras, estos
devocionales te conectarán dulcemente con Jesús.

APRENDE MÁS EN JESUSCALLING.COM